PLATÓN Y NIETZSCHE

SE ENCUENTRAN EN UN BAR

Jessica Centelles Escribano

PLATÓN Y NIETZSCHE

SE ENCUENTRAN EN UN BAR

Jessica Centelles Escribano

NPQ
Editores

© Del texto: Jessica Centelles Escribano
© De la portada: Carlos Porta Pardo
© De la ilustración de portada: Silvo Luzardo Martínez
© De esta edición: NPQ Editores (Librería Vanaol S.L.) 2018
Email: edicion@npqeditores.com
www.npqeditores.com

Primera edición: Abril 2018
Impreso en España

PEFC
PEFC/14-36-00111

Los papeles que usamos son ecológicos, libres de cloro y proceden de bosques gestionados de manera eficiente.

ISBN: 978-84-17257-17-0
Depósito legal: V-947-2018

A Eduard Sanz,
por todos los conocimientos que me transmitió.

ÍNDICE

PRÓLOGO 9

1 EL INICIO: HUMEDADES Y GRIETAS EN EL SISTEMA 11
2 CONOCIMIENTO SOMETIDO AL PODER 17
3 PLATÓN ENTRA EN UN BAR 35
4 NIETZSCHE ENTRA EN UN BAR 41
5 PLATÓN Y NIETZSCHE ENTABLAN CONVERSACIÓN 47
6 PLATÓN, SU TEORÍA DE LAS IDEAS Y UN NIETZSCHE DIFÍCIL DE TRATAR 51
7 NIETZSCHE VS LA TEORÍA DE LAS IDEAS 57
8 APOLOGÍA A SÓCRATES 71
9 PLATÓN Y NIETZSCHE SE HOSPEDAN EN EL BAR 79
10 LOS CIENTÍFICOS SE REÚNEN CON EL PRESIDENTE 91
11 EL GRUPO DE AUTOAYUDA SE REÚNE EN EL BAR 97
12 PLATÓN Y NIETZSCHE SE VAN DE FIESTA 117
13 PLATÓN Y NIETZSCHE EN EL PUB EL AVERNO 139
14 PLATÓN Y NIETZSCHE VAN DE COMPRAS 151
15 PLATÓN Y NIETZSCHE TOPAN CON LA IGLESIA 159
16 LOS DOS CIENTÍFICOS EN BUSCA DE LA FILOSOFÍA 165
17 PLATÓN Y NIETZSCHE REGRESAN AL BAR 171
18 PROHIBIDO PENSAR 181
19 ETERNO RETORNO 189
20 PLATÓN: EL REGRESO 197
21 NIETZSCHE: EL REGRESO 201
22 EL NUEVO 2040 203

AGRADECIMIENTOS 207

PRÓLOGO

Los cielos se tornaron grises,
Las fábricas fusilaron los árboles
a golpe de construcción,
a llantos de desesperación.
Los libros dejaron de ser letras muertas
para tornarse armas contra el sistema.
En un mundo como este, nada se puede esperar
donde el pensar ha quedado prohibido,
donde defender la filosofía es un suicidio.

Si pensamos en el día de mañana, poco papel tendrá la filosofía, pocos podrán estudiar su carrera, pocos saldrán de la mayoría de edad mentalmente. Es el momento de pensar, de recapacitar, de gritar y rebelarse.

Pero mientras escribo estas líneas imagino que habrá por ahí asesinos del pensamiento individual con sus batas blancas y su abusiva autoridad, tal vez subvencionados por el sistema, tratando de crear agujeros negros que puedan permitirles cambiar el pasado, si es que no se está llevando a cabo ya, si es que no ha muerto del todo el pensamiento, tratando de traer al presente grandes filósofos para fusilarles y eliminar así toda posibilidad de crítica ante el poder, la autoridad...

Pienso en estos momentos en los que miles de personas están colgando fotos en redes sociales... demostrando su "felicidad" (más que propia, sometida al poder o a la economía) sin recordar que vivimos en una sociedad dormida (a la fuerza o por falta de fuerza).

1. EL INICIO: HUMEDADES Y GRIETAS EN EL SISTEMA

Un grupo de científicos pagados por el Estado están investigando un nuevo método para crear agujeros de gusano[1] que les permitan viajar al pasado con el objetivo de encontrar y destrozar las obras de los filósofos y las filósofas más influyentes en el pensamiento de los "insumisos"[2] y encarcelarlos para evitar que sigan provocando la "perversión" de nuestra sociedad. Del mismo modo que le sucedió a Sócrates[3], tratarán de juzgar a todos los filósofos como pervertidores de las mentes de quienes no se resignen a creer aquello que se les dice. Somos un rebaño cebado con nuestra propia cicuta, la ignorancia, caminando hacia nuestro propio fin, la ciega sumisión.

En el año 2040 no será de extrañar que el poder siga inventando nuevos modos de evitar que la población piense por sí misma, no sea caso que descubran que todo el sistema está organizado de forma que los que poseen el poder puedan continuar lucrándose a costa de los ciudadanos engañados. El poder es como un pajarraco que se alimenta de los restos de los pobres ciudadanos, destrozados por el trabajo pero

---

1 Según diversas hipótesis científicas, los agujeros de gusano son aperturas que rompen el espacio-tiempo y nos permiten contactar con otras dimensiones o épocas.

2 Los "insumisos" son aquellos que se niegan a aceptar la filosofía del Estado alegando que quieren pensar por sí mismos o que la moral y lo bueno no es algo universal, sino que son nociones que el Estado inventa para que la gente obre en vistas a sus intereses.

3 Sócrates fue juzgado por pervertir las mentes de los jóvenes, por criticar los dioses griegos. No se rebeló porque defendía la idea universal de justicia y, por más que la justicia terrenal fuese imperfecta, desacatar una ley sería atacar dicha idea de justicia universal.

ilusionados con la posibilidad de que dicho pajarraco les lleve volando a su nido, con su *jacuzzi*, sus *cócteles*...

A continuación os reproduzco una conversación que tuve con Marx en uno de mis sueños, tal vez fuera un agujero de gusano que me permitió poder hablar con él. La cuestión es que acertó en el siglo XIX y sigue acertando ahora respecto al concepto de sociedad alienada. Yo aparecía en medio del salón de Marx a través de una grieta. Podía verle pero él a mí no, tal vez porque las dimensiones de ambos no acabaron de conectar bien. Entonces grité:

— Maaaarx, ¿eres tú?

Marx, que estaba durmiendo, se sobresaltó:

— ¿Dios? ¿Has venido a llevarme? No, no puede ser, Dios no existe. Como sea otra de tus bromas, Engels, lo pagarás caro... ¿Es por la autoría de mis obras?

— Marx, no sabría explicarte muy bien lo que está pasando, soy del futuro... No sé qué hago aquí, pero me encantaría que me explicases bien que significa el concepto de 'alienación'. En mi época lo utilizan a veces, pero no entienden qué significa...

— Bien, fantasma de las Navidades futuras... -dijo Marx bastante desconcertado.

Yo me puse a pensar, tal vez la explicación de los fenómenos paranormales sea algo similar a lo que me estaba pasando a mí, tal vez no existen fantasmas como tal, sino dos dimensiones que quedan conectadas por un agujero espacio-temporal... Pero al no poder ver la otra dimensión, lo interpretamos como algo paranormal. Por eso hay mesas que se mueven solas... Tal vez sea un gracioso de otra dimensión jugando con nosotros a quitarnos las sillas o cambiarnos cosas de sitio. Dándome cuenta de que había estado cinco minutos divagando, volví al momento en el que estaba y presté mucha atención.

— Mira, se nos dice que nuestra esencia está en los objetos que producimos, que muestran nuestro modo de ser... Pero no es así, está en ti misma. Estoy hasta las narices de escuchar: "Si no tienes un reloj de bolsillo de última generación, no eres nadie..." (recordé el anuncio aquél de relojes: "Viceroy, es lo que soy". Sería un ejemplo buenísimo de lo que decía Marx, aunque modernizado).

— Ya... Bueno, ya no utilizamos de eso, Marx; pero sí, vale.

— Ellos poseen los medios de producción, no sabemos por qué, y nosotros tenemos que trabajar para ellos si queremos consumir lo necesario para vivir, que se encuentra en el mercado y que nosotros mismos hemos producido. Pero... como los medios son del jefe, el producto también, y el dinero ganado de la venta final del producto también... ¡Y a nosotros solo nos da las miguitas que sobran! ¡Aquellas sobre las que nos abalanzamos como cuervos para poder comprar esos productos cada vez más caros, con un sueldo cada vez más bajo porque hay más trabajadores entre los que distribuir las migajas que nos quieren dar! - exclamaba Marx cada vez más indignado.

— Ya veo -dije con un tono sosegado y tratando de calmarlo.

— El problema vino cuando una persona se apropió del primer huerto; luego, todo el que quería manzanas, de modo injustificado tenía que sembrar todas la plantaciones del amo, y a él a cambio le daban dos o tres... -proseguí tratando de comprender la absurda ley de la propiedad privada-. Si quería más o necesitaba más, tenía que trabajar y plantar más parcelas... Ya ves, es injusto, Marx. Pero ¿qué podemos hacer? Siempre han tenido el poder, siempre lo tendrán...

— ¡Vaya fantasma de las Navidades futuras eres tú! ¿No ha habido una revolución comunista en Inglaterra? Según mis cálculos, ya debería haberse dado, niña, a ver si estamos al día. ¡Que los jóvenes no os enteráis de nada! Estáis todo el día jugando a la peonza y no os enteráis...

— Siento desilusionarte, pero no ha sido así -le respondí con un tono desconsolado, pues ojalá hubiese sucedido así-. La revolución sucedió en los países con menos medios de producción, porque es donde se concienciaron de su situación degradante... Ya sé que te habría gustado que hubiese sido en países con medios de producción adecuados para poder realizar una justa distribución de bienes entre todos; pero no... ¡Hay que joderse!

— No, pero eso no puede ser. Si mis cálculos han sido correctos, ya debería haber sucedido. Mi comunismo es científico... ¿Me oyes? -dijo Marx con un tono cada vez más elevado-. ¡Científico! ¿Cómo he podido fallar? Demonios...

— Hay países que lo han intentado, pero no te han entendido bien. Un tal Kim y un tal Stalin han destrozado tu nombre y tus ideas. Pues resulta que su comunismo se basa en aniquilar a todo el que no piense como ellos y fortalecerse militarmente a costa del pueblo... Además, han hecho la revolución sin tener medios para ello.

— ¡Malditos impacientes!

— Ahora mismo ese tal Kim la ha liado parda, no entendió bien eso del comunismo y lo que ha hecho es una tiranía... No del proletariado sino de él mismo...

— ¿Cómo no va a entenderme?... ¡Si escribo muy claro!

— Bueno, Marx... muy claro, no es que escribas... El mundo está fatal... Además, el resto de países siguen sometidos a la cadena producción-consumo-producción para empresas... Como unos idiotas. Es que son inútiles, rebaño de inconscientes. ¿No entienden que les roban lo que fabrican para vendérselo como tontos a un precio más caro del que ellos ganan por hacerlo? Es como si primero me cortasen el cabello, que es mío, crece de mí y luego me lo quitasen y me lo vendiesen porque lo "necesito" como fórmula para ser feliz. Y yo, como tonto, lo compro... ¡Es alienación! Es robarte tu esencia para vendértela como algo que está fuera de ti, como si tuvieses que conseguir tu propio valor con objetos, sin ver que es fruto de ti... Es como venderle a un niño su nariz, la que tú mismo le has quitado...

No quiero imaginar a Marx jugando con sus hijos a "te he robado la nariz", seguro que les diría "¿quién es el alienado de papá?" con voz burlona... En fin.

Marx empezó a enrabiarse, dar golpes... Cuando el asunto empezaba a enturbiarse y mi visión de Marx se emborronaba por la de un Marx furioso peor que los dibujos bíblicos del Dios vengativo, desperté.

Entonces me puse a pensar sobre nuestra sociedad, sobre la razón que tenía Marx. Se apropian de todo sin justificación alguna y nos dan las migajas para que compremos los productos y les demos más beneficios... Y así se haga su voluntad, he aquí el eterno retorno: producción-consumo-producción. Si las personas -o rebaño, como nos llama "cariñosamente" ahora el Estado- descubriésemos que todo esto no es necesario, que la felicidad no es tener muchos objetos, que realmente no elegimos nuestra vida o lo que consumimos sino que se nos manipula a ello diciéndonos que es lo mejor, nuestra meta... este sistema entraría en peligro y por ello tratan de acallar las mentes de los "insumisos". La felicidad basada en este tipo de cosas es un espejismo, una estrategia para continuar la cadena pero engañados bajo esa falsa felicidad.

Continuamos con lo mismo, Marx diría que hoy en día la "felicidad" es el opio del pueblo. Como bien decían en el *Club de la lucha*: "Tenemos trabajos de mierda para comprar cosas que no necesitamos".

2. CONOCIMIENTO SOMETIDO AL PODER

Un grupo de científicos se encuentran en la sede de Ciencia y Conocimiento, subvencionada por el Estado, para eliminar todo conocimiento que pueda cuestionar o poner en duda su supremacía. Este grupo de científicos no es un grupo cualquiera, sino que se encarga de utilizar la ciencia al servicio de los intereses del gobierno. Es por este motivo que los mismos científicos investigadores son, a su vez, agentes del poder: sus manos, sus brazos y sus oídos. Su autoridad es similar a la de la policía. Son Policías Estatales Nombrados Estabilizadores del Saber, pero no les gusta utilizar las siglas correspondientes: P.E.N.E.S. Solo los insurgentes los llaman así despectivamente, ellos prefieren autoproclamarse guardianes del saber y el orden. La política que tienen es la siguiente: si conocen los métodos, ¡que los apliquen!; si es necesario detener a alguien, ¡que lo detengan! "Todo por el pueblo, pero sin el pueblo" es el lema más pronunciado dentro de la sede: todo por su bien, su protección... su sumisión.

El científico más mayor, que estaba al mando de las operaciones, afirmaba con mucha elocuencia:

— No hay mejor arma contra los posibles insumisos que silenciar sus ideas. Utilizaremos nuestra última innovación en ingeniería espacio-temporal para traer a los filósofos más importantes y borrarlos del mapa.

— «Muerto el perro se acabó la rabia» -interrumpió otro de los científicos con cierto tono de satisfacción en sus palabras.

— Pero señor -expone un joven científico recién llegado de la academia-. ¿Y si al matar sus ideas alteramos el presente de un modo aterrador?

— ¿Más aterrador que la idea de una masa rebelde cuestionando la "felicidad" de nuestros pobres ciudadanos? No podría ser, es por el bien del pueblo -afirmó el viejo orgulloso de su trabajo.

— Pero si el pueblo no sabe nada... ¿No deberíamos consultarles?

— El pueblo apenas sabe quiénes son los filósofos y las filósofas, ¿no ves que se eliminaron de las clases y de las bibliotecas? Así que les dará igual -dijo el viejo científico con un tono arrogante-. Sin estos pensamientos podremos avanzar hacia una sociedad más competitiva, donde el mercado no tenga el freno de la moral o del pensamiento crítico.

— Sigo pensando que es peligroso -insistió con voz titubeante el joven.

— No te han enseñado a pensar, te han enseñado a actuar para los fines de nuestra sociedad. Además -afirma riendo el viejo-, has visto demasiadas pelis. ¿Crees que un estornudo en el pasado puede afectar al presente? ¡No seas ridículo!

— Señor, le recuerdo que la lluvia ácida empezó en aquel experimento científico en el que nos dejamos las golosinas ácidas en el lago y después se evaporaron...

— Eso no está demostrado; además, la lluvia ácida ha existido siempre...

Habían negado tanto tiempo que el humo del "progreso" podía perjudicar al planeta que ahora ya no eran capaces de entender qué era lo que estaba causando los problemas del calentamiento global, la lluvia ácida... Ahora todo ello se remontaba a explicaciones mitológicas que se habían repetido hasta convertirse en "posibles verdades e hipótesis". El *"paso del mito al logos"* (el saber racional) se había invertido totalmente para dar paso a los nuevos "avances" y eludir las moralidades y explicaciones que les pudiesen perjudicar.

— Pero, de todos modos, señor -dice con voz temblorosa el joven-, todavía no hemos podido detectar en qué lugares se crean los agujeros de gusano. Imagínese que los filósofos llegan y no les encontramos.

— Pondremos a todas las fuerzas policiales en marcha si es necesario, incluso al ejército, pero hay que frenar a los insumisos. Ahora bien, ¿a qué filósofos elegimos como los primeros en ser eliminados de los pensamientos de nuestra sociedad?

— Hace tiempo que no se da filosofía y los libros que sobreviven están en el mercado negro -prosigue el viejo científico-. Por lo tanto, deberemos investigar un poco sobre filosofía, por más que nos pese.

— Señor, ¿no será peligroso si nos encuentran estudiando filosofía? A ver si van a pensar que hemos cambiado de bando –susurró el joven preocupado.

— ¿Dónde diantres has estudiado tú? ¿No sabes que somos la autoridad? Tenemos manga ancha para utilizar los medios necesarios para nuestro fin. Vayamos a investigar -dijo instándole a entrar en su despacho.

Tras una larga e infructuosa búsqueda por las pocas páginas no censuradas por el gobierno encontraron, en una especie de enciclopedia virtual donde se encuentran todas las modas más conocidas de todos los tipos, el concepto 'insumiso', y en un apartado pequeño, un enlace a una página de filosofía.

Tras varios intentos pudieron desbloquear la censura de dicha página. Lo que encontraron les sorprendió : "Platón fue el padre de la filosofía occidental, basada en un mundo de ideas universales que tratan de ser realizadas y configuran todo nuestro mundo, pero que han sido distorsionadas por el mundo de los sentidos".

— Mmm, suena interesante ¿Podríamos aprender algo de este modo de hablar de ideas universales que han de realizarse porque son las verdaderas? Igual es una buena teoría para mantener al rebaño sometido. Ya sabe, algo universal pero que no se ha realizado todavía porque los sentidos nos corrompen: "Bienaventurados los que sufren, porque de ellos será el reino de lo verdadero". Podría ser un buen eslogan para las reformas del horario de trabajo -dijo el joven científico.

— ¡Cállate y busca! -Le propició un buen cogotazo el viejo-. No seas inocente. ¿Cómo va a haber unas verdades universales y únicas en otro mundo que no sea este?

— Pero, señor, si usted mismo afirma que la idea de felicidad es universal -dijo mientras se rascaba el dolorido cogote-, que los productos que compramos nos acercan a ella... Que la felicidad es la misma aquí que en la China...

— ¿Te atreves a decir que va a tener más razón el griego este que yo, que soy tu superior? ¿Qué eres, un insumiso? -dijo el viejo enfatizando su tono mientras se señalaba a sí mismo con el pulgar como quien se cuelga una medalla.

— No, no, yo no me atrevería a decir tal cosa -respondió intentando dar punto final a la discusión.

Siguieron buscando. Tras cinco tazas de café pudieron encontrar otro dato interesante: "Nietzsche, el filósofo más loco de la historia". Siguieron leyendo: "El anti-todo, cuestionó toda noción existente en la filosofía anterior: la moral, el bien, la felicidad...".

— Este es un auténtico filósofo, como una cabra, no dice más que disparates. Menos mal que estamos aquí para evitar que estas locuras calen en las mentes del rebaño bondadoso y sumiso; de lo contrario, mira como acabarían: barbudos, criticones, cuestionando todo lo que les dicen las autoridades, que son quienes realmente saben del mundo... Les encontraremos, les encarcelaremos y nuestra sociedad podrá vivir tranquilamente -afirmó tajantemente el viejo.

— ¿No cree usted que igual es peligroso? Ya sabe, si estas ideas influyeron en otras personas o incluso en Occidente entero, igual destruirlas produce cambios peores...

— Ya estamos otra vez, qué pesado eres, de verdad. A ver, si esto produce peligros o no, me da igual, nos han dicho que la filosofía es peligrosa, podría causar efectos secundarios como volverse crítico con el sistema, dejar de socializarse con el rebaño, perder el sentido de la realidad y creer en cosas que no son reales como por ejemplo, sistemas de poder diferentes o teorías sobre una moral distinta... Le hacemos un bien a la población; si no, imagina: caos, rebelión, manifestaciones...

— Pero todo eso influyó en el pasado –insistía el joven un tanto preocupado.

— ¡No son más que locuras! Y tú estás leyendo ya demasiada filosofía. Será mejor que dejemos de leer tanto, por nuestro bien – afirmó imperativamente el viejo cerrando la página web.

— Bien dicho, señor -dijo el joven acatando resignadamente su orden.

— Bueno, me duele la cabeza de tanto pensar, será mejor que lo dejemos aquí; no leas más ya, que te sentará mal. Empezaremos el proyecto normalizador de la sociedad eliminando a estos dos. No parece muy difícil...

— Señor -dijo el joven-, ¿no deberíamos buscar algún libro de estos autores? Ya sabe, para conocer mejor lo que piensan, conocer su vida... De ese modo acertaremos mejor en nuestra elección, podríamos hacer un informe sobre los peligros que suponen para la sociedad...

El viejo científico se rascó dubitativamente la barba y asintió:

— Sí, deberíamos ir al mercado negro a por un par de libros. Pero recuerda, vamos de incógnito. Además, puede ser peligroso, está lleno de insumisos que leen a estos señores, colocados por el éxtasis de estas ideas absurdas. En algunos se pueden ver las secuelas de la filosofía, han perdido la noción de la realidad, hablan de comunismo, existencialismo y otros -ismos muy extraños –añadió el viejo tratando de exponer la serie de peligros a los que se exponían y prevenir al joven-. Mañana a primera hora prepararemos nuestra vestimenta de paisano e iremos hacia allá.

A la mañana siguiente, ambos científicos se vistieron de paisano; sin embargo, había algo que les delataba, un aire de poder, quizás las armas mal escondidas en los bolsillos... Bien, el viejo vestía con una gorra que sujetaba una peluca de rastas cubriendo bastante mal su calva, unos pantalones anchos y una camiseta donde había pintado un símbolo de la Paz que parecía más bien cierta marca de coches alemanes. El joven vestía con unos vaqueros rotos, una camiseta de Los Ramones y una mochila rayada; también llevaba una flauta porque había escuchado a sus superiores llamarlos perroflautas alguna vez. Ambos quedaron en la plaza del pueblo, bajo la estatua del símbolo del euro.

Mientras el joven esperaba, una muchacha se le acercó:

— Oye, qué camiseta más chula, ¿es una marca nueva?

El joven contestó con resignación:

— No, es un grupo de música.

— Oye, pues es muy chic, quizás con un poco de purpurina podríamos venderlas en nuestra tienda... Me gusta mucho la ropa original y diferente.

— Pero dejaría de ser original y diferente, ¿no?

— No... -dijo la chica no muy segura-. Las venderíamos bajo el eslogan "Sé diferente", así todos se sentirían especiales por llevarlas... Ya sabes, como si fuesen "alternativas".

— Bueno, tengo prisa, encantado -dijo el joven alejándose un par de pasos a la derecha y fingiendo que le llamaban por teléfono para escaquearse de aquella conversación.

En ese momento apareció el viejo científico:

— ¡Vas demasiado limpio! ¿Y el perro? No te has acordado del perro...

— Señor, llevo la flauta, ¿el perro no le tocaba a usted? -le preguntó el joven insinuando su descuido.

A continuación, el viejo científico se acercó al joven a una incómoda distancia:

— ¿Qué haces, loco? -dijo el viejo al fijarse en la camiseta-. Llevas una camiseta *punk*, nos detendrán antes de llegar a la plaza por insumisos, o por alterar el orden público... ¡Quítatela ya mismo!

Los dos empezaron a forcejear. Entonces el joven le miró fijamente:

— Esta camiseta es un recuerdo familiar, si me la quitas te cogeré de la mano. Entonces sí que nos detendrán por "alterar el orden público". ¿Has olvidado lo homófoba que es nuestra sociedad? Así que haz el favor de actuar con normalidad.

Se apresuraron hacia la antigua línea de metro, ya cerrada, a través de la cual se llegaba a una especie de subterfugio donde se encontraba el mercado negro. Allí es donde hacían vida los insumisos con miedo a ser detenidos simplemente por sus ideas. Se vendían camisetas de grupos como ACDC, Nirvana, The Beatles, Doctor Seco, Sex Pistols, Señor Cuervo... También periódicos de noticias (puesto que los periódicos que vendían ahora en los quioscos ya no hablaban de noticias, sino que se dedicaban a vender productos) y, cómo no, libros de filosofía y productos culturales censurados por el gobierno. Era el paraíso de los insumisos: allí, en ese agujero en medio de la nada, escondidos de la sociedad, podías encontrar los últimos atisbos de sentido común y reflexión. Allí donde el mundo es al revés: la crítica es muestra de inteligencia, el pensamiento es símbolo de cultura, las lecturas se realizan sobre papel y no sobre el móvil...

Había una muchacha vendiendo libros. Su cara estaba llena de piercings; sus brazos, tatuados completamente; vestía una falda rayada y una camiseta de Nietzsche... Le llamó la atención la manera en que los dos científicos vestidos de "paisano" observaban todo lo que les rodeaba, como si nunca hubiesen visto nada parecido. Se acercó y les dijo:

— ¿Puedo ayudarles en algo? ¿O es que se han perdido? -les preguntó con una sonrisa amable a la vez que un tanto burlona.

—Eh, sí, verás... -dijo el joven visiblemente nervioso-. Buscamos unos libros de filosofía –susurró acercándose a ella.

— Aquí no hace falta susurrar. Claro que tenemos libros de filosofía -sacó una pila de libros antiguos-. Mira, todos estos se salvaron de la quema de libros corruptos y peligrosos que organizó el Estado en 2020.

El viejo miró la pila de libros y sintió un gran impulso de arrestar a la muchacha y mandar los libros a destruir inmediatamente. En ese momento puso la mano discretamente sobre la pistola, pero el joven le detuvo enseguida abrazándole para agarrarle los brazos:

— Mira, esta muchacha nos interesa, no podemos permitirnos el lujo de detenerla... -le susurró al oído el joven cogiéndole el brazo, cosa que arrancó a Simone una sonrisa, ya que pensó que eran una pareja homosexual.

— Qué bonitos. ¿Cómo te llamas? -dijo el viejo con una simpatía forzada.

— Me llamo Simone

— Bien, verás. Buscamos un libro de Nietzsche y otro de Platón.

— Vaya, bueno, ¿qué libros buscan?

— Pues... ¿eh? -El viejo no sabía qué responder, no tenía ni idea de qué libros habían escrito los filósofos.

— Claro, a ver, esto no es un supermercado -dijo Simone con un tono sarcástico-. No les voy a poner un cuarto de Nietzsche y medio kilo de Platón, ¿no? —dijo riendo.

— Ya, pues... Buscamos *La genealogía de la moral* y *La república* -dijo el joven riéndole la gracia. El viejo se sorprendió de que conociese los libros de los filósofos pero lo dejó pasar, tomando interés por marcharse ya de allí.

— Vale, tomen. Serán cinco euros cada libro.

— ¿Y las medidas de seguridad? ¿Dónde están los guantes y las gafas de sol?

Ridículamente, en una época tan avanzada, se intenta evitar que la población lea para salir de la minoría de edad y dependencia absoluta de las verdades de la televisión, el poder... Incluso se ha llegado a afirmar que el papel transmite unas enfermedades muy peligrosas que alteran la percepción de la realidad, provocan brotes psicóticos y alteran la conducta. Por este motivo, ya no se permite leer ni producir ningún libro más en papel, todo lo que hay se encuentra en la tecnología y pasa por varios "filtros de seguridad" y publicidad. Los pocos libros que quedan se deben leer según la normativa: con guantes, gafas de sol y bajo vigilancia médica. Así lo explican los folletos de los hospitales, las plazas, las cafeterías...

— Gracias, Simone -dijo el viejo cogiendo los libros y marchándose deprisa del lugar mientras tiraba del brazo del joven, que se había quedado atontado observando la pila de antigüedades.

Una vez fuera, el viejo dijo al joven:

— ¿Cómo has sabido qué libros tienen? ¿Estuviste leyendo más? ¡Estás loco! Mantén la cabeza centrada en nuestro objetivo -dijo el viejo con un tono paternal pero amenazante-. Muchos empezaron como tú y acabaron licenciándose en Filosofía, o escribiendo para esos periódicos... Lo sé porque en la prisión hay unos cuantos de esos...

— Sé lo que hago, estoy actuando como un profesional. Habrá que documentarse para hacer el informe, ¿no? -dijo el joven haciendo un gesto de enaltecimiento hacia su persona.

— Ya, ya... Tienes razón, eres un profesional, no debería dudar de ti -dijo poniéndole la mano sobre el hombro-. Simplemente me preocupo por tu futuro, no emborrones tus objetivos. Mira, nos dividimos el trabajo: tú lees a Nietzsche y yo a Platón.

Esa misma noche el viejo se puso a leer a Platón, acabó el libro incluso, pero no entendió nada. Era como si estuviese escrito en otra lengua, las palabras que utilizaba eran demasiado rebuscadas y sus ideas demasiado complejas. Se planteó pedir ayuda a Simone para poder entender mejor lo que ponía en esa obra, quizás dar unas clases clandestinas de filosofía... Pero eso retrasaría tiempo a la misión... ¿Qué debía hacer? 5 de la madrugada, con las pantuflas de conejitos y el pijama rayado azul y blanco, el viejo acude a la línea de metro abandonada en busca de respuestas. Allí, en un rincón, estaba Simone durmiendo, hablando en sueños, babeando y roncando. El viejo se acercó con sigilo y la despertó echándole un poco de agua encima. Simone despertó sobresaltada, dándole un merecido bofetón:

— ¡Os dije que los polos se derretirían! Ah... ¿Qué haces aquí? ¿Por qué vas vestido así? ¿Qué ha pasado con tus rastas? -dijo Simone sin saber cómo digerir aquella situación.

— Soy el abuelo que leyó a Platón, no lo entendió y se escapó -dijo bromeando-. He venido a por respuestas, no entiendo nada y tengo que entregar un informe...

— Ya... ¿Y a mí qué me cuenta? Ahora no tengo tiempo de explicártelo todo... -le contestó mientras se secaba el agua del rostro con su propio pijama. Descartes sería capaz de explicarle filosofía a las 5 de la madrugada a la reina, pero yo no. No desayuno lo mismo que él como para ponerme ante el fuego a esas horas y sacarme de la manga toda una teoría, ¿entiendes? -dijo como si le hablase a un idiota (aunque ella estaba segura de que hablaba con un idiota auténtico).

— Menos tonterías, insum... (casi se delata a sí mismo). Despierta y explícame algo básico -rectificó rápidamente-. Ayúdame, por favor... -dijo en un tono dubitativo, entre orden y súplica.

Simone accedió al ver la testaruda actitud del viejo:

— A ver -dijo Simone, levantándose mientras se quitaba las legañas todavía-. Si lees detenidamente el mito de la caverna de Platón, verás que era un puto Nostradamus. Hay incluso algunos de aquí abajo que han creado una religión, los Platonianos del Séptimo Anillo -añadió Simone señalando un extraño grupo de personas que había en un rincón.

— ¿Del Séptimo Anillo? -preguntó el viejo sin entender muy bien de qué iba esa gente.

— Sí, eso es una rayada suya... Creen que Platón vendrá a salvarles de este mundo y les llevará al mundo de las ideas para conocer la verdad que está en el séptimo anillo del planeta Wisdom, lejos de nuestro sistema solar... No sé... están preparando una nave con papel de plata, tubos de escape, cola y cartulinas... Les dije que deberían llamar a un ingeniero... pero no me hicieron caso... -dijo señalando a un grupo de gente con barbas postizas, pelo largo y túnicas que meditaban seriamente en un rincón mirando la luz que entraba por las rejillas fijamente y con las manos levantadas hacia la luz.

— Ya, bueno –dijo descolocado el viejo-. Y ¿qué dijo Platón? ¿Por qué creen que es un nuevo Carlos Jesús?

— Platón dijo que habría un montón de ignorantes encerrados en una cueva, o un planeta incluso, que creerían conocer la verdad, pero solo conocerían las sombras de las cosas... Lo que algunos les mostrarían como auténtico no sería lo auténtico, sino las cosas corruptas, tal vez por sus intereses...

— ¿Y cómo sigue el cuento? –preguntó el viejo impaciente a la vez que cansado de hacer tanto esfuerzo mental.

— Pues, un día, hace ya años, alguien, se dice que el mismo Platón, fue capaz de salir de la cueva, conocer lo auténtico y verdadero... Eso pertenece a otro mundo, un mundo de ideas universales, incorruptas, auténticas...

— ¿Cómo viajó hasta allí? Porque en aquella época no había ni siquiera RENFE. Si ya para ir de Castellón a Valencia cuesta...

— ¡Calla y escucha! – exclamó Simone con un tono similar al que se utiliza para reñir a los niños pequeños e impacientes-. No se viaja físicamente, tonto, sino mentalmente. Se alejó de los sentidos, que nos corrompen, nos confunden y nos nublan con tentaciones. Igual que los platonianos se alejan de las redes sociales y la telebasura que componen nuestra sociedad y nos muestran realidades corruptas, mentiras y engaños. Solo de esta manera el sabio pudo comprender lo auténtico y universal, de lo que se derivaba lo que había en este mundo. Las ideas verdaderas e incorruptas de todo aquello que hay en este mundo.

— Bien, ¿y luego?

— Como el camino al mundo de lo verdadero es muy doloroso, no hubo mucha gente capaz de llegar allí. Su maestro, o quizás fuese él mismo, trató de enseñarnos lo verdadero, pero lo encarcelaron. Las leyes dijeron que lo que decía iba contra lo establecido, alteraba y confundía a la gente... Él ya lo dijo: "Al sabio le tirarán piedras, porque no le entenderán...". Es más, lo mataron con cicuta. Alguien le trató de advertir: "No te tomes eso, que te vas a matar, que crees que controlas y luego te pierdes...". Pero él creyó que era lo mejor, cumplir con la ley, pese a que no estuviese de acuerdo. «El concepto de ley debe respetarse», decía.

— ¡Ah, sí! ¿Y no hizo una última cena con doce colegas suyos? Que uno le traicionó... Sí, mujer, que la liaron parda con el vino y luego fueron a detenerles, e incluso a alguno lo crucificaron... -trató de explicar el viejo con un tono de listillo, como si fuese un entendido del tema.

— Señor, ese es Jesucristo.... Eso sería más tarde, pero sí. El tal Jesús ese decía muchas cosas parecidas. También decía que había otro mundo donde se encontraba lo verdadero, que ese mundo no era este, que este mundo nos corrompía con los placeres y las tentaciones... En realidad, deberían acusarle de plagio. Pero no, no es ese... A ver... Según el mito de la caverna, un sabio vendrá a decirnos lo verdadero y no le entenderemos... Nos costará salir del mundo de lo falso, porque estamos acostumbrados a ello, y será doloroso... Pero él nos guiará...

— Vale, creo que tengo todo lo que necesito saber para hacer mi trabajo -dijo el viejo convencido de su capacidad de aprendizaje y un poco impaciente, a la vez que agotado.

— Pero no hemos acabado, ¿dónde vas? Solo te he explicado una parte... ¡El libro es mucho más largo...!

Largándose corriendo con su tablet en la mano y con cara de "iluminado", se fue corriendo, casi tropezándose con sus enormes pantuflas y gritando: "¡Gracias, Simone!"

A las 7 y media estaba en casa de su compañero, llamando a la puerta con dos tazas de café y el poco pelo que le quedaba despeinado. El joven abrió la puerta y dijo mirando a su compañero:

— ¿Qué haces así? ¿Saltaste por la ventana y te fugaste de tu residencia, abuelo? -Al darse cuenta de que era su superior y no estaba de buen humor, cambió el tono de su voz a un tono más sumiso y obediente y agachó la cabeza.

— Tengo el informe sobre Platón. ¿Tú tienes el tuyo sobre Nietzsche? -dijo el viejo.

— No, todavía no... -dijo el joven cogiendo la hoja de papel escrita en bolígrafo borrable y llena de manchas de café.

En el informe explicaba: "Platón, criminal, acusado por perversión de mentes de jóvenes y líder de secta religiosa. Acusado de prevaricación y de secuestro, cree que nos salvará de la ignorancia llevándonos al mundo de las ideas, donde podremos ver todo lo verdadero y universal. ¿Dónde estará ese mundo? ¿En un sótano?... Es muy peligroso por su poder de convicción, capaz de dejar en ridículo al mejor de los abogados -leyó sus discusiones con los sofistas, que trataban de defender las verdades que les pidiesen mediante argumentos razonables- con sus ironías. Posible familiar de Jesucristo".

— ¡¿Qué?! -dijo el joven extrañado y aguantando una pequeña risita-. ¿Cómo que posible familiar de Jesucristo? ¿Usted se ha asegurado de sus fuentes? -le preguntó insinuando que sus referencias eran incorrectas.

— Fíjate, ambos dicen lo mismo: "Los sentidos corrompen lo auténtico", "el sufrimiento nos llevará al mundo de las ideas... o de los cielos...". Todo coincide. ¿Y si realmente Jesucristo existió mucho antes? ¿O leyó algo de Platón? -trató de explicar el viejo un tanto nervioso y creyendo haber descubierto algo importante y novedoso con lo que impresionar a su compañero.

— Bueno, quizás deberíamos dejar a un lado esto del informe y dedicarnos a traer a los filósofos aquí -respondió el joven, todavía desperezándose y guardando el papel en uno de sus bolsillos para esconder tal "informe".

Entonces fueron al laboratorio de la sede de Ciencia y Conocimiento situado en el sótano de la misma para poner en marcha la máquina construida para crear los agujeros de gusano que trajesen a los filósofos desde su época hasta el año 2040. Una vez allí, cogieron la máquina: un acelerador de tiempo y detonador de espacio en forma de cápsula gigante por donde se suponía que debían entrar los personajes del pasado. Tras varias discusiones por el funcionamiento adecuado de la máquina, los códigos que debían poner y las coordenadas donde situar los agujeros de gusano, el viejo apretó el botón de abrir el portal, pero no pasó nada. Ambos se miraron confusos por unos segundos y empezaron a discutir.

— ¿Ves? Te dije que era mejor utilizar un coche de alta velocidad que rompiera la barrera del tiempo yendo a 1000 km/h... Un MiLorian...

— Tú ves demasiado cine. Eso no habría funcionado, era mejor una cápsula. Si no, ¿por dónde iban a entrar, estúpido?

— Sea cual sea el aparato, usted ha tenido demasiada prisa en poner las coordenadas. Quizás -insinúo tímidamente el joven- no ha puesto bien las coordenadas.

— ¿Estás cuestionando mi inteligencia? -gritó el viejo en un tono amenazante mientras se le hinchaba la vena del cuello.

Y así siguieron debatiendo horas y horas.

3. PLATÓN ENTRA EN UN BAR

Se encontraba Platón en una de sus discusiones en medio de la plaza con uno de sus alumnos preferidos, Aristóteles. Este, indignado y osadamente, le decía a su maestro:

— Vamos a ver, ¿cómo va a venir la esencia de esta mesa, de una mesa que no existe aquí sino en otro mundo, Platón?

Platón, agarrándole del hombro le respondió:

— Mira, amigo mío... Las cosas no podemos empezar a conocerlas desde este mundo, como a ti te gustaría... No podemos partir de la mesa física para poder entenderla, porque los sentidos cada vez la muestran de una manera... El mundo de los sentidos cambia constantemente: "No te bañarás dos veces en el mismo río" –dijo Platón con parsimonia y seguridad.

— Esa frase no es tuya, es de Heráclito -dijo Aristóteles con un tono de listillo.

— Maldito sabiondo de turno entrometido -dijo Platón entre dientes mientras ignoraba su aportación y continuaba su lección-. Si hay algo que sea verdadero, no puede ser cambiante, ha de ser estable, invariable, porque "el ser es, y el no ser no es" -explicó Platón, tratando de mantener su estatus de maestro.

— Ya, bueno, y un plato es un plato y un vaso es un vaso. Tampoco es que Parménides se luciese mucho con esa afirmación. ¿Qué quiere decir con eso?

— Si lo verdadero estuviese siempre cambiando, sería y no sería a la vez, ¿entiendes? Es imposible que lo auténtico y verdadero, la esencia que hace que las cosas sean lo que son, sea cambiante. Por tanto, lo esencial que constituye todo no es material, es de otro tipo, es racional, ideal. No pertenece a este mundo. ¿Tú eres un ser humano, no?

— Sí, claro –afirmó Aristóteles sin tener muy claro hacia dónde iba a llegar la explicación de su maestro.

— Incluso disfrazado, serías un ser humano, ¿no? Incluso tras la muerte de tu cuerpo hablaríamos de ti como ser humano, no como cadáver... -Aristóteles no acababa de entender la insistencia de su maestro en exponer algo tan evidente como que era un ser humano y le miraba un poco extrañado; empezaba a desconectar de la explicación, incluso.

— Porque lo que nos caracteriza es diferente a cualquier cosa del mundo sensible que cambia, desaparece... -continuaba Platón explicando a su abstraído discípulo sus teorías.

— Claro, pero déjate de rodeos y dime: ¿dónde quieres llegar? –preguntó Aristóteles ya impaciente.

— A que lo que hace que seas un ser humano no lo podemos observar por los sentidos, ni es algo visible. Solo lo podemos ver con la razón. Por tanto, no es algo de este mundo cambiante, es algo universal, estable... que pertenece a otro mundo, el mundo de las ideas -dijo mirando al cielo como si pudiese incluso vislumbrarlo-. Si fuese algo de este disparatado mundo, ahora mismo te convertirías en otra cosa y luego en otra.... Por tanto -dijo Platón como si fuese a terminar su explicación, pero sin terminarla todavía-, lo esencial, que no cambia y determina lo que son las cosas, ha de ser totalmente de otra naturaleza: ha de ser una idea.

— Ya, pero se encuentra en este mundo –replicó su discípulo.

— No, no, no. Veo que no me estás escuchando. No puede pertenecer a este mundo, pertenece al mundo de las ideas, de lo universal... Solo si nos alejamos de este mundo podremos llegar a ver lo verdadero... a reconocer las esencias y las ideas sin interrupción de lo sensorial... Este mundo es todo mentira. Observa -dijo Platón andando por la plaza tratando de crear cierta expectación.

Platón se acercó a una pequeña grieta que había en el suelo y empezó a tocarla.

— A simple vista esto parece una grieta, ¿verdad? –preguntó el maestro retóricamente-. Pero seguro que los sentidos nos están engañando... Si profundizamos en ella... -Y empezó a meter la mano-, parece que mi mano desaparezca, pero realmente está aquí, no ha ido a ningún sitio...

— ¿Cómo has hecho eso? Es imposible, casi me lo creo, Platón... -dijo el alumno con cierta incredulidad a la vez que asombro.

— Mira, si metemos todo el cuerpo dentro y entramos aquí... -Y Platón empezó a desaparecer por la grieta mientras esta se cerraba, dejándolo atrapado en otra dimensión.

— ¿Platón? Va, no tiene gracia. ¿Dónde has ido? Platón, vamos... no hace falta que me trates de tonto, sé que no has desaparecido por más que los sentidos me hagan creer eso...

De repente, Platón se encontraba en el año 2040, en la parte trasera de un bar apartado de la ciudad llamado El recoveco. Había salido por una humedad que había en los baños del bar. Frente a ellos había un pasillo y una pequeña puerta a través de la cual se podía observar un patio con una fuente. El otro extremo del pasillo daba directamente a la zona del bar donde se encontraba la barra y las mesas.

Platón se dirigió hacia la zona del bar donde se encontraban las mesas, era un lugar mohoso, sucio, descuidado... En fin, ¿no afirmaba que no hay que guiarse por los sentidos? Pues hizo como ojos que no quieren ver y se sentó en una mesa que había a lo lejos, en un rincón. El camarero se acercó y le dijo:

— ¿Qué desearía tomar? -le dijo el camarero, que se acercó hacia él sorprendido por su vestimenta.

Platón se quedó anonadado con la luz que había colgada del techo. Claro, en su época no había. Aunque solo era una bombilla, a él le fascinó. No respondió al camarero y siguió mirando la luz.

—Señor, ¿le gustaría tomar algo? -repitió el camarero.

Platón le dijo:

— Es asombroso, es como una representación de la idea del bien, una metáfora del conocimiento... pero en este pequeño rincón... ¿Cómo lo hacéis?

El camarero, extrañado por su reacción ante una simple bombilla, le dijo:

— Es una bombilla, no tiene más misterio.

Platón continuó con su divagación:

— Es como si en esta pequeña taberna pudiese haber un rincón en el que se encuentra representada la sabiduría, la luz que nos ayuda a comprender lo verdadero... Si la miro fijamente me duelen los ojos, pero si me acostumbro a ella, puede enseñarme miles de cosas tal y como son en realidad... ¿Has leído alguna vez *El mito de la caverna*?... Es muy interesante. Verás, en una caverna hay unos hombres a oscuras que no pueden ver más que pequeñas sombras...

El camarero no tenía ganas de escuchar anécdotas de viejos. Harto ya de no obtener respuesta, se iba a largar de nuevo a la barra cuando de repente dijo Platón:

— ¿Podrías traerme agua, por favor?

El camarero hizo un gesto de enfado y se la sirvió. Después se marchó remugando:

— ¡No, si además pretenderá pasar aquí las horas con un simple vaso de agua y sin pagar!

4. NIETZSCHE ENTRA EN UN BAR

Se encontraba Friedrich Nietzsche en la habitación de su residencia, con su bata blanca y su bigote despeinado, gritando:

— ¡Soy Zaratustraa! No, no... ¡Soy un superhombre!

Las enfermeras se encontraban en la puerta de la habitación conversando sobre los tiempos que corrían:

— ¿Has visto? Ha fallecido en un psiquiátrico el jugador de ajedrez... Qué lástima, pobre Steinitz...

— Ya ves... Los sabios acaban como una cabra. Dicen que también hablaba con Dios, como este -dijo señalando a Nietzsche desde fuera de la habitación-. A ver cuando se cansa de decir esas locuras...

— Sí, sí jugaba al ajedrez con Dios -dijo una de las enfermeras con tono burlón-. Decía que era mejor que Dios jugando y que al final le ganaría la partida...

— Al final Dios siempre gana la partida -respondió la primera enfermera, señalando hacia arriba, como si Dios estuviese allí, de un modo sentenciador-. El otro día se lo conté a Nietzsche y dijo que Dios era un viejo tramposo, que había jugado con él a cartas y que no sabía jugar limpio: "Siempre tiene más cartas para ganar la partida. Es un débil que no sabe jugar sin su baraja, sin tener ventaja, igual que sus secuaces", dijo poniéndose un dedo a modo de bigote e imitando su voz.

— Pues a mí me dijo que Dios ha muerto – dijo señalando de nuevo a la habitación donde estaba Nietzsche-. Que lo ha matado el ser humano. -Se puso entonces las manos a la cabeza indicando el asombro por las afirmaciones del filósofo.

— Ya. ¡Pues no me vino el otro día vestido de negro y me dice que llegábamos tarde al funeral de Dios! -le comentó en tono de cotilleo mientras le daba una palmada en el brazo para llamar su atención sobre la conducta de Nietzsche.

Mientras, Nietzsche quedó en silencio, mirando una de las humedades de la pared.

— ¿Qué es esto? Mira, Zaratustra, ¿es una cara? -dijo Nietzsche mirando hacia su lado derecho como si hubiese realmente alguien.

Empezó a rascar la pared; de la humedad se escuchaba ruido.

— ¿Dios? No, no puede ser, estás muerto... -Siguió rascando y puso la oreja en la humedad, pero vio que la podía travesar. Entonces metió la mano.

— Zaratustra, nos vamos, que es el momento de marcharnos. No te quedes ahí, somos libreees -dijo mirando hacia una silla vacía colocada a su derecha.

Efectivamente, el experimento de los científicos había funcionado, solo que los agujeros de gusano son imprevisibles. El espacio-tiempo se rompió conectando 2040 y 1890, pero conectó la residencia de Nietzsche con el cochambroso bar antes nombrado.

Era un bar de los de antes, donde se servía cerveza fría, calimocho, bocadillos y alguna que otra tapa. Un bar descuidado, con unos retretes sucios y muchas humedades y grietas. Seguramente el dueño no se dio cuenta de la nueva "humedad" porque ya había demasiadas.

De repente, allí estaba Nietzsche, en el baño del bar, saliendo de una humedad, como si no pasara nada. Increíble. Le sacudió el polvo al espejo de los baños, se retocó el bigote y entró dentro del bar por el pasillo que conectaba los baños y la puerta trasera con la zona de la barra y las mesas. Como un cliente más, con su bata blanca pero su bigote bien peinado, Nietzsche se sentó en la barra.

Por la mismísima humedad que había entrado Platón entró Nietzsche también, en la zona trasera. La dinamita explosiva del pensamiento estaba acechando la ciudad.

— ¿Qué desea? ¿Café, una buena copa de licor?

Nietzsche miró a su alrededor, todo eran servilleteros de autoayuda, licores, bebidas espirituosas...

— ¿Café o licor? ¿Pretendes turbar mi mente, insensato? ¡¿Pero es que todo lo que hay en este bar es corrupción que se sirve en vasos?! No quiero evadirme de la vida, quiero enfrentarme a ella -dijo dando un golpe sobre la barra.

El camarero le respondió:

— También puede tomar una Coca-Cola si lo desea. Es la fórmula de la felicidad, dicen.

A lo que Nietzsche también tenía una brusca respuesta:

— ¿La fórmula de la felicidad? ¿Qué significa eso? ¡La necesidad de buscar la felicidad es para débiles! ¡¿Me estás llamando débil?! Los hombres fuertes como yo asumimos la vida tal y como es, con su dolor y sus penas... -Y empezó a darse pequeños golpes en el pecho-. ¡Pero vosotros no! Nooooo -dijo echándose las manos dramáticamente a la cabeza y tirando un bol de cacahuetes que había en la barra al suelo-. ¡Estoy harto ya de gente como tú!. —En ese momento el camarero salió de la barra y vio que Nietzsche no llevaba pantalones.

— Señor -dijo el camarero mirándole con cierta compasión-, si me da el teléfono de su casa podemos llamar para que le recojan -propuso el camarero con el semblante serio y un tono grave, poniéndole cordialmente la mano sobre el hombro.

— ¿Que me recojan? -preguntó Nietzsche extrañado mientras le apartaba la mano bruscamente-. No soy ningún niño, voy donde me da la gana.

— Mire, no sé de qué residencia vendrá, pero le puedo ayudar -dijo cogiéndole de un brazo.

— No me ofrezca más su ayuda, que al final la tendremos... Aborrezco la compasión y la ayuda. No sienta pena alguna por mí, ni se atreva, hipócrita -dijo apartando de un empujón al camarero-. ¿Sabe lo que es la compasión? Es un intento de creerse superior a costa de los demás. ¡Métase en sus asuntos!

En una de las mesas había dos señores cotilleando sobre un tercero ausente.

— ¿Has visto últimamente a Jaime? Ay, el pobre, parece que ha engordado a causa de su depresión.

— Ya ves, está echado a perder... Quizá deberíamos ayudarle...

Nietzsche estaba escuchando la conversación y reflexionando sobre lo que le acababa de decir al camarero. Y es que el cotilleo, los programas basura y los melodramas son un ejemplo de lo que él estaba diciendo. La compasión es el disfraz del que no tiene fuerza para afirmarse por sí mismo y se enaltece a costa de la pena de otras personas. Nietzsche les echó una mirada que les dejó helados y en silencio. Tratando de calmarse, se disculpó con el camarero y le dijo:

— Mire, he venido aquí por la humedad de mi cuarto, y ahora solo quiero pasar un rato agradable, eso es todo.

— ¿Cómo dice? -El camarero determinó que Nietzsche venía de algún psiquiátrico o de alguna residencia-. Me extraña que haya venido por una humedad... No es posible, señor.

Nietzsche le llevó al baño cogiéndole del brazo y empezó a rascar las humedades, pero ya ninguna parecía abrirse de nuevo. Mientras, el camarero miraba con extrañeza.

— Venga, déjelo ya. -Pero Nietzsche seguía rascando-. Me va a destrozar el baño -insistía el camarero.

— Escuche -Nietzsche puso la oreja en la humedad tratando de escuchar ruidos para demostrar que había una humedad que comunicaba con su habitación en la residencia desesperadamente, pero no se oía nada más que sus "disparates".

—Sí, venga, vamos, se sienta un rato y me lo cuenta -dijo tratando de calmar al desesperado cliente-. Entiendo que le duela la cabeza de tanto pensar, ahora le daré una aspirina -entonces el camarero le llevó de nuevo a la barra y lo sentó, Nietzsche se quedó en aquél rincón oscuro mirando de nuevo el bar.

A continuación observó el servilletero, ponía: "Si sonríes, tu día será un buen día".

— ¿Qué es esto, joder? Más opio para nuestra mente, más engaños... -Y tiró también el servilletero al suelo, le enfadaba muchísimo la gente incapaz de afrontar la vida-. ¿Por qué os empeñáis en negar la vida, en evadiros del dolor buscando alcohol, frases por todas partes...? Vitalismo, vida, es todo lo que hay. Goce, dolor, sufrimiento. ¡Aceptadlo! -gritó Nietzsche enfurecido por la debilidad de los allí presentes.

El camarero quedó patidifuso al ver a Nietzsche tan enojado. Hizo como si limpiase un poco la barra y, "disimulando", se largó a la otra punta dejando al filósofo solo, aunque Nietzsche le gritó desde lejos: "¡Esto no ha acabado, ya hablaremos tu y yo!".

Al camarero le daba miedo echarle, pero para sí mismo pensaba: "¡Otro señor que va a pasar aquí las horas sin consumir nada! ¡Qué gente tan extraña está viniendo hoy al bar!... Eso sí, como siga alborotando, llamo a la policía y punto".

5. PLATÓN Y NIETZSCHE ENTABLAN CONVERSACIÓN

Platón, tras ese barullo, dejó de mirar su querida representación del conocimiento colgada del techo para prestar atención a la discusión de Nietzsche. A este, que no le gustaba sentirse observado, le molestó que se parase a mirarlo fijamente. Entonces se giró hacia la mesa donde estaba sentado el filósofo y le dijo desde su taburete:

— ¿Y tú que miras? ¿Es que no has visto nunca a un hombre sabio enojarse o qué?

Platón, que era un poco alcahuete, se levantó de su mesa y se sentó a su lado, en la barra, para dialogar. Pensó que era el único en el bar que no estaba pendiente de ese aparato al que llamamos móviles y que parecía ser bastante crítico y reflexivo como para sentarse a debatir, a diferencia del resto de gente, que era reacia a la filosofía y al pensamiento. Pese al temperamento del enojado Nietzsche, decidió correr el riesgo de sentarse a su lado.

— Estoy de acuerdo en que este hombre es un maleducado -dijo Platón señalando con pocos modales al camarero-. No me extraña que te hayas puesto así, a mí ni siquiera me ha preguntado qué quería tomar, se lo he tenido que pedir yo.

— Es un incompetente, asume todo lo que la sociedad afirma sin ni siquiera preguntárselo y trata de endosarlo a los demás -le respondió Nietzsche bastante indignado.

El camarero, que estaba escuchando desde la otra punta de la barra, estaba cada vez más enojado con estos dos filósofos. Además de criticarle, se habían apalancado en su bar y seguían sin consumir nada.

Parece que Nietzsche y Platón habían encontrado dos puntos en común que les incitaron a seguir adelante en su conversación: el debate y criticar al camarero. Todo parecía el inicio de una bonita amistad.

— Por cierto, mi nombre es Friedrich Nietzsche, quizás me conozca por mis obras: *Anticristo, Genealogía de la moral* o *Ecce homo*, con estupendos capítulos como "¿Por qué escribo libros tan buenos?" o "¿Por qué soy tan inteligente?" -le comentó el filósofo con un tono arrogante.

— No me suenan, pero los leeré encantado. Mi nombre es Arístocles, aunque quienes me conocen me conocen mejor por el nombre de Platón, por la anchura de mi espalda -explicó con resignación-. Ya sabe, apodos... -comentó Platón con cierta pesadumbre y a sabiendas de que si algún día era conocido, Platón es como le llamarían todos.

Nietzsche se acercó al camarero y le comentó el asunto susurrando:

— Mire, ese loco de ahí dice llamarse Platón, ya sabe, como el filósofo... Y mire qué vestimenta me lleva... -Pero el camarero no sabía quién era Platón-. Le sugiero que le siga la corriente, no sabemos qué tipo de enfermedad sufre ni si es peligroso... Además, puede ser divertido -añadió Nietzsche.

El camarero le dio una palmada en la espalda a Nietzsche y le dijo en voz baja: "Sí. No se preocupe, les seguiré la corriente, pero si me dice de qué residencia provienen ambos, podré llamar a sus familiares y que les recojan enseguida...".

Nietzsche se apartó con un gesto de indignación y le respondió:

— Los locos a veces somos los que mejor entendemos la vida, porque no nos resignamos a vivir el mundo que nos imponen sino que creamos a partir de nuestros impulsos. Vivimos nuestra propia vida.

— Está usted como una cabra, Platón -dijo Nietzsche con tono irónico, refiriéndose de nuevo al desconocido-. No puede ser, si estoy soñando o bajo los efectos de las medicinas de las enfermeras... Esto sería más bien una pesadilla... Y encima, la humedad por la que llegué aquí se cerró... -hablaba Nietzsche para sí mismo.

— ¿Usted también llegó mediante la mancha, esa mancha húmeda de allí detrás?   -preguntó Platón sorprendido mientras le indicaba a Nietzsche, desde su taburete, el pasillo que daba a los baños por donde él había llegado-. ¡Vaya, qué curioso! -exclamó asombrado por la enorme coincidencia.

6. PLATÓN, SU TEORÍA DE LAS IDEAS Y UN NIETZSCHE DIFÍCIL DE TRATAR

Los filósofos siguieron su conversación como si la situación fuese normal. Llevaban allí media hora apalancados sin consumir nada. El camarero estaba desconcertado por la actitud de ambos señores y no sabía ya qué hacer con ellos para ayudarles a llegar a "su residencia". Mientras, la cómica pareja de señores continuaba tranquilamente su conversación.

— Por cierto, ¿has observado esta maravilla de... bombillas? Creo que me ha dicho que se llaman así -dijo Platón embobándose de nuevo con la bombilla. Lógicamente, Platón se había quedado con las ganas de explicarle a alguien el mito de la caverna y mostrar cómo esa bombilla era una metáfora de su propio mito.

— Sí, pero no entiendo qué ves de asombroso en ella. Yo ya tenía en casa, a mí me molesta, prefiero la oscuridad o la luz natural -respondió Nietzsche con indiferencia y apartándose un poco. Parece que no era demasiado conversador, más bien solitario, pero con Platón tenía difícil esquivar la cháchara. Tras varios amagos de evitar las preguntas de Platón e ignorarlo, se había dado cuenta de que era imposible evitarlo.

— Es como en el mito de la caverna. Verás, en una caverna hay unos hombres a oscuras que no pueden ver más que pequeñas sombras de figuras de cartón provocadas por un fuego, que se proyectan en la pared.

— ¿El mito de la caverna? Bah... eso son tonterías... Además, ¿quién hace que se proyecten esas sombras? -le preguntó Nietzsche irónicamente utilizando el mismo método que el filósofo utilizaba de un modo un tanto malévolo y burlesco (preguntar hasta que llegue a contradicción y vea que sus argumentos no son válidos).

El camarero encendió entonces la televisión. Ambos se quedaron estupefactos. "¿Qué es eso?", preguntaron acercando sus cabezas al aparato. Platón se acercó a tocarla incluso, pero el camarero le riñó:

— Señor me está ensuciando el televisor, aparte las manos de ahí -chistó apartándole las manos de un manotazo.

— ¿El telequé? -preguntó Platón todavía con la boca abierta.

— Sí, televisor -le respondió el camarero ya refunfuñando.

— Pero hay gente ahí atrapada, mírela, tenemos que sacarla de ahí -dijo Platón horrorizado por el hecho.

— No, hombre, será gente diminuta que viven ahí dentro... Porque no son suficientemente grandes para vivir aquí en el exterior, ¿no? -dijo Nietzsche con aires de grandeza.

El camarero estaba impresionado por su ignorancia de tal aparato y pensando que tal vez padeciesen algún tipo de pérdida de memoria. Les trató de explicar cómo funcionaba.

— Miren, esta gente está en otro lugar, están siendo grabados, y luego la imagen se trasmite a los televisores.

— ¿ Gra...bados? ¿Cómo? -preguntó Nietzsche interesado en el asunto.

El camarero, exhausto, les dio una breve explicación.

— Miren, simplemente nos transmite lo que pasa en el mundo en otros lugares, y punto.

—Pero, fielmente, ¿dicen lo que pasa? -preguntó Platón.

— Bueno... Las noticias siempre nos informan de lo que está pasando en el mundo, si les sirve de respuesta -respondió ingenuamente el camarero.

— Es imposible, les transmitirán lo que ellos piensan que pasa, cada uno vive las cosas de distinto modo. Ellos pensarán una cosa y la transmitirán, pero yo pienso otra... ¡NO HAY HECHOS, SOLO INTERPRETACIONES! -gritó Nietzsche dando un golpe sobre la barra y riendo-. No existe la verdad, existe la multiplicidad de la vida, y toda ella es igual de verdadera. Yo creo que es usted poco agraciado, por ejemplo, pero no se lo tome a pecho, no es nada personal.

— Bien, pues que le sirva otro. Váyase a otro lugar -dijo reaciamente el camarero.

— Shhh, pero calma, es mi modo de verlo, no es la única verdad. Seguro que por allí habrá alguien a quien le parezca más agradable a la vista. Todo depende de cómo se mire, o cómo te miren. Lo único que digo es que nada es verdad, porque no hay una sola verdad. Lo que hay es la vida, los impulsos de cada uno. No debemos creer lo que nos dicen.

— ¿Me llama feo y se queda tan ancho? ¿Es imbécil o qué le pasa? -dijo el camarero indignado.

— Mire, cada uno interpreta el mundo según sus necesidades, según sus impulsos... Por eso mismo no hay una única verdad. Hay miles. Verá, si ahora mismo entra una muchacha desesperada por ligar, sus necesidades harán que le vea a usted el más guapo del mundo. Pero tal vez al día siguiente, una vez saciada la necesidad, ya no sienta impulsos por tener nada con usted y se marche -explicó serena y tranquilamente Nietzsche-. No hay una verdad, hay múltiples, todas igual de válidas. ¿Por qué quedarse con una sola si todo depende de cómo se interpreten las cosas, del momento, del impulso?

— Es usted, a mi parecer, un engreído arrogante -respondió el camarero un tanto molesto por la respuesta de Nietzsche.

— Bien, es tu modo de interpretarme para sentirte mejor. A mí tu interpretación me la suda, porque no es la única.

Platón retomó la conversación:

— Eso que dices me ofende, Nietzsche. Claro que existe la verdad, pero no debemos aceptar sin más lo que nos parezca. Retomando el ejemplo del televisor, -Platón podía llegar a ser muy pesado-, los prisioneros se encuentran encadenados y creen en todo lo que se les proyecta, como hace este camarero con la televisión. Mira qué cara de atolondrado... Está tan inmerso que cree todo lo que dicen como si fuese la verdad absoluta.

—Sí, eso es cierto, si dijesen las noticias esas que los elefantes vuelan, asomaría la cabeza para observarlo... Es como si tuviesen una máquina de crear "verdades" y todo lo que digan se impone sin cuestionar siquiera de dónde ha salido -añadió Nietzsche dando la razón a Platón en la facilidad con que se aceptan los rumores televisivos sin pensar en su veracidad.

— Bien. Sin embargo, eso no es sino un mundo aparente, falso... Cuando hay un prisionero que se desata, empieza a ver que eso es falso... que no eran sino figuras proyectadas que hacían esa sombra... Igual que si la televisión dejara de existir, la gente empezaría a ver que tal vez las cosas no son como se proyectaban en esa pantalla... Primero les costaría muchísimo ver la realidad, porque están acostumbrados a vivir según lo que ella les dice. Pero, poco a poco, con la luz de la razón...

El camarero se entrometió en la conversación:

— Eso es cierto, vaya. Resulta que una vez compré un aparato anunciado por televisión que afirmaba que sin moverte del sofá adelgazabas hasta 20 kilos. Mentira total. Sin embargo, en la tele parecía tan real, los testimonios, los resultados... Desde ese chasco sé que no todo es cierto. Solo las noticias.

— Pero eso aún no es conocimiento, es todavía creencia -le dijo Platón al joven-. Todavía no te has acostumbrado a pensar sin televisión, te cuesta distinguir lo que es verdadero y lo que no...

— ¿Cómo dice? -preguntó el camarero extrañado.

— Claro, usted sabe que no todo es cierto y que hay que ser críticos con aquello que observa en la televisión. Pero no sabe distinguir todavía qué cosas son falsas. Por ejemplo, sigue creyendo que las noticias le transmiten la verdad absoluta. Igual que el prisionero, al salir, no está acostumbrado a utilizar la razón y se deja engañar por los sentidos...

— Oiga, eso no es así, yo no creo todo. Eso del calentamiento global, por ejemplo, es una trola, fijo. ¿Cómo van a derretirse los polos? Entonces la parte hueca que hay dentro de la tierra quedaría destapada...

Nietzsche se dio una fuerte palmada en la frente, no podía creer en los disparates que afirmaba el camarero. Pero así era.

— Ahora, lo que sí es cierto es que este país acabará con la crisis en un par de meses, ahora han encontrado un pozo de monedas de oro que repartirán para todos. Eso dijeron las noticias cuando explicaron cómo iban a mantener los políticos las esperanzas del país y cómo saldríamos de esta crisis.

— ¿Lo ves?, se dejan engañar... Creen sin más porque aún siguen en la caverna. El mundo de los sentidos es igual, los sentidos cambiantes no nos permiten ver las cosas tal y como son. Eso es la caverna, la oscuridad del pensamiento... -le dijo Platón a Nietzsche en tono altivo.

Nietzsche susurró en voz baja: "Menudo pazguato está hecho este", señalando al camarero.

— Pues lo que te decía -continuó Platón dándole suavemente en el brazo para que le prestase atención-, al final de la cueva puede observar la luz. Es como esta bombilla... Acércate... -Platón acercó la bombilla a los ojos de Nietzsche y este se apartó.

— ¿Pretendes dejarme ciego o qué? Memo -le riñó Nietzsche indignado y apartándose de golpe.

— No... Solo pretendo que veas lo que duele al principio la luz de la razón. Primero nos costará ver con ella... pero si nos acostumbramos, con el ejercicio del razonamiento podremos conocer la realidad, las ideas...

7. NIETZSCHE VS LA TEORÍA
DE LAS IDEAS

Nietzsche continuaba tratando de conseguir que Platón se diese cuenta de los errores de tu propia teoría. Sin embargo, parece que era una tarea realmente difícil.

— Dices entonces que el mundo sensible es como la caverna, o incluso como este cochambroso bar, un mundo donde no nos es accesible la verdad pero que si nos alejamos de él mediante la razón, llegaremos a la verdad, ¿no? -preguntó Nietzsche utilizando de nuevo la mayéutica socrática en tono burlón.

— Así es -afirmó Platón emocionado; pensaba inocentemente que Nietzsche había comprendido y aceptado su teoría.

— Mira, eso son paparruchas, la verdad no existe... ¿Es que no me has escuchado antes? No existe algo estable, inmutable, que no cambia...

— Sí existe, pero es de otra naturaleza, no es material como este mundo. La verdad es de otra naturaleza -dijo Platón con un tono soberbio.

— ¡La verdad!, cuentos de débiles incapaces de aceptar la vida como es, cambiante. Además, ¿cómo puedes decir que los sentidos nos engañan, que son falsos?

Tras una pausa breve esperando respuesta, Nietzsche le dio una pequeña bofetada a Platón y le dijo:

— ¿La has notado? ¿Es auténtica?

Platón, con gesto de enfado, le respondió:

— No es auténtica, lo auténtico pertenece al mundo de las ideas, no a este mundo sensible... Es un accidente, no una esencia[4] -prosiguió-. A mí los sentidos no me afectan porque me guío por la razón- añadió señalándose orgulloso.

— Sí, un accidente, claro -entonces Nietzsche fue a darle otra más fuerte, pero Platón le paró y con énfasis repitió:

— El mundo de las ideas es el auténtico, allí está lo verdadero e inmutable. En este mundo solo son copias de dichas ideas universales que han sido corrompidas por los sentidos. ¿Lo captas? -dijo con cierta chulería Platón.

— Bueno, pero los sentidos y las pasiones te afectarán de un modo u otro. Eres humano, ¿no? Entonces, no eres pura razón, por más que quieras -añadió Nietzsche refutando la explicación del filósofo.

— No hay que dejarse influir por las pasiones, o turbarán tu juicio. La ira lleva al odio, el odio al sufrimiento y este, al lado oscuro. No voy a dejar que me arrastres a él.

— No me puedo creer que haya visto usted esa peli, esa frase es de *La guerra de las galaxias*. Es usted más mayor de lo que parece, pues... -dijo el camarero interrumpiendo y asombrado.

---

4 Platón se refería a que la esencia es lo que hace que las cosas sean; los accidentes son los cambios o aspectos que se dan en ellas sin afectar a su esencia: un ser humano es un ser humano, sea alto, bajo, con una ropa u otra. Su esencia que hace que sea un ser humano es la misma, es la idea universal y racional de ser humano, no cambia por más que su aspecto físico cambie.

— ¿Cómo dice? -preguntó Platón sin comprender muy bien lo que le decía el camarero. Pero cuando el camarero fue a responderle, le ignoró totalmente. Estaba tan concentrado en hacer entender a Nietzsche el camino de la verdad que no tenía ganas de escuchar otros asuntos.

Platón cogió unos cacahuetes del bol que había en la barra para mostrarle el ejemplo de un modo más sencillo, pensó que así lo entendería mejor. Trató de explicarle el mito como si fuese un niño. Era bastante común en él escenificar sus teorías mediante ejemplos gráficos o visuales, como hemos visto en *El mito de la caverna*. Tal vez pensaba que su sabiduría no estaba a la altura de todos y por ello debía explicarla mediante cuentecillos, metáforas... Lo cierto es que, fuera cual fuese el motivo, era bastante pedagógico en sus explicaciones, como estamos viendo. Insistente, repetitivo y claro.

El camarero fue donde estaban los dos sentados y les quitó los cacahuetes:

— Si no van a consumir nada, no hay cacahuetes para ustedes, señores -dijo arrebatándoles el bol.

Nietzsche le contestó con cierto hastío:

— No queremos tus brebajes turbadores, son para gente débil que necesita evadirse de la realidad. Tal vez este -dijo señalando a Platón con una irónica sonrisa- sí que quiera. Parece que no quiere ver la vida como es y prefiere inventarse cosas extrañas, igual el alcohol le ayuda a crear nuevas teorías para no tener que enfrentarse al mundo.

Platón, que estaba un poco harto de las chuflas de Nietzsche pero quería mostrarle el camino de la verdad, contestó simplemente: "No quiero nada, los placeres turban la mente, gracias". A continuación, prosiguió con su explicación. Cogió los cacahuetes que se había guardado antes de que el camarero se los quitase y los puso en la oscuridad, a la sombra.

— Mira, ¿aquí parecen cacahuetes? -preguntó Platón.

— No, parecen más bien cagarrutas -respondió bruscamente y harto Nietzsche.

— Bueno, y si cierras los ojos y los tocas, ¿sabes que son cacahuetes?

— Si los tocase, sí, supongo...

— Vale. Cierra los ojos -sugirió Platón tapándole los ojos.

Entonces Platón puso una pelusa del suelo sobre los cacahuetes y le hizo tocarlos.

— ¿Qué es esto? Esto no son los cacahuetes... parecen bolas de pelo... qué cerdo eres, Platón.

A continuación, Platón le hizo abrir los ojos, puso los cacahuetes a la luz y le dijo:

— Mira ahora... A la luz todo se ve mejor. Si nos dejamos guiar por los sentidos, estos nos engañan; pero si vamos más allá, si indagamos con la luz de la razón, veremos las auténticas ideas, lo verdadero que hay detrás de cada cosa. ¿Ves ahora los cacahuetes?

— Ya. En fin... -comentó Nietzsche con indiferencia-. Y eso a lo que llamas verdadero, ¿qué es? ¿Hay una sola verdad, hay varias...? ¿Qué opinas? -Nietzsche trataba de seguirle el juego para después dejarle en evidencia, del mismo modo que hacía Sócrates con Platón.

— ¡¡Por supuesto que hay una sola verdad, una idea, una esencia, pero para cada realidad que existe!! En el mundo de las ideas hay un concepto único, verdadero y estable para cada una de las realidades que existen: el de bien, el de justicia, el de verdad y hasta para las cosas más triviales, como el de cacahuete. Una verdad estable, firme, segura... que solo podemos conocer cuando no nos dejamos turbar por los sentidos y utilizamos la razón.

Nietzsche cogió los cacahuetes que Platón había dejado en la mesa anteriormente de un arrebato. Miró a Platón y le dijo:

— Voy a ponerte un ejemplo yo ahora. ¿Ves estos cacahuetes? Supongamos que son las amadas ideas en las que tú confías, lo estable y todo ese rollo. Pues mira qué hago con ellos. -Se los puso todos de golpe en la boca y se los comió-. Síííí.... ¡Siente cómo destrozo tus queridas ideas! ¡Soy el devoraverdadees! Ja, ja, ja -decía con la boca llena de cacahuetes y dejando algunos trozos escapar.

Después, se acercó al bol de cacahuetes que el camarero les había quitado, cogió unos pocos más, volvió al lado de Platón y empezó a machacarlos:

— ¡Vamos, machaca las verdades estables conmigo! ¡Da el primer paso para ser un auténtico hombre!

Nietzsche parecía un loco, Platón observaba la escenita y se frotaba la barba con paciencia ante su actitud... Pero no se rendiría tan fácilmente, a insistente no le ganaba nadie, pensó. La gente que había sentada en una mesa un poco más atrás quedó un poco sobresaltada por el numerito. Algunos incluso se marcharon.

Nietzsche se puso sobre la barra y les dijo:

— Adelante, váyanse, si no son tan fuertes como para asumir que lo auténtico no existe, que lo real es el cambio, los impulsos y el cuerpo... ¡Váyanse a misa!

El camarero, temiendo que estos sobresaltos le espantasen todavía más clientela, se acercó donde estaban los dos sentados y les dijo a ambos educada pero imperativamente:

— Miren, o se calman, o tendré que tomar medidas.

Nietzsche se calmó, se sentó y le contestó:

— No tengo miedo de las autoridades, ya me detuvieron una vez en una plaza y había más gente que en este asqueroso bar.

Platón, extrañado por la anécdota, le preguntó por los motivos de su detención. Nietzsche le explicó la anécdota:

— Había un cochero pegándole a su caballo, que estaba en el suelo, doblegado, rendido... Yo me arrojé sobre el caballo y lo abracé. Resultó que el loco era yo y no ese cochero cochino que azotaba al caballo para sentirse más fuerte.

Tras una pausa dramática prosiguió:

— Está claro que el hombre debe ser fuerte, pero nadie se hace fuerte a costa de los demás, sino por sí mismo. Matar, torturar, no te hace fuerte, porque tu fuerza no se basa en ti.

Después de contar su anécdota, Nietzsche parecía un poco más calmado, tal vez incluso melancólico. Platón, tratando de consolarle, le dijo:

— Bueno, a mí también me detuvieron una vez. Me esclavizaron, dijeron que por pervertir las mentes de los jóvenes.

Pero enseguida se vio interrumpido por Nietzsche:

— Y seguirás siendo esclavo mientras pienses del modo que piensas. No existe la verdad, asúmelo, libérate de las cadenas de lo verdadero, lo bueno y todas esas chorradas.

— Cambiarás de parecer. Espera, no he acabado de contarte el mito de la ca..

— El mito de la camierda, eso es lo que es... ¡Cállate ya con ese estúpido mito! Es un mito que no cuenta más que mentiras de débiles que no pueden asumir la vida cambiante y necesitan creer en una verdad universal...

— No, te pasa como al prisionero, primero cuesta salir, pero con la luz de la razón -dijo Platón acercando la bombilla a Nietzsche-, puedes verlo todo... lo verdadero...

Nietzsche, enfurecido por la pesadumbre de Platón, cogió la bombilla de un arrebato, se quemó incluso la mano, el camarero preocupado le preguntó:

— ¿Se ha quemado, señor? ¿Es que no puede parar quieto ni un segundo?

— Así es la vida: pasión y dolor —dijo Nietzsche riendo por la quemadura.

El camarero confirmó que tenía ante él un personaje muy extraño y se apartó. Nietzsche prosiguió su conversación con Platón:

— ¡Eso que estás diciendo es una locura y tu bombilla para nada te muestra las cosas tal y como son! Vamos a ver... Si esta luz fuese roja, o verde... transformaría todas las cosas en rojas, ¿no? Entonces, dime... ¿Las verías tal y como son? Además, mira qué sucia está, seguro que distorsiona nuestra visión de todo lo que miramos con ella, todas esas motas de polvo hacen que no podamos ver igual con esta bombilla como veríamos con una limpia. Pero ¿por qué iba a ser más verdadero lo que nos enseña la luz blanca... bueno, gris... que lo que nos enseña la luz roja? ¿No son verdaderas ambas luces? Pues entonces ambas visiones sirven, ¿por qué tomar solo una?

El camarero, que parecía no estar muy cómodo con la presencia de ambos pero no paraba de escuchar sus conversaciones, se metió por el medio. Cambió la bombilla :

— ¿Mejor así, señores? -dijo poniendo una mueca de enfado con ambos, aunque ambos le ignoraron ensimismados en su conversación.

— No... Las vería deformadas, pero no estás comprendiendo la metá....Nietzsche le interrumpió:

— Te has dejado engañar por quien te haya dicho que hay alguna forma de conocer lo verdadero... Eres un inocente y te han tomado el pelo, bobalicón -dijo dándole una palmadita en la espalda-. Dime. Si hay tantas verdades como cambio y perspectivas hay en el mundo... ¿cómo podemos defender que hay una estable, universal, inmutable, eterna...? ¡ESTÁS MATANDO LA VIDA!

— No sé a qué te estás refiriendo, no tiene ni pies ni cabeza -interrumpió Platóndesacreditando a Nietzsche.

— Me estoy refiriendo a que los conceptos estables no muestran lo único que esverdadero: la vida cambiante. Más bien la paralizan bajo unas formas "universales" o "estables". Por ejemplo, el concepto 'periquito' engloba a todos los periquitos como si fuesen iguales, como un ser universal que se aplica a todos y cada uno. Pero no es así, todos son distintos, incluso el mismo periquito cambia constantemente por las circunstancias de la vida.

— En el mito de la cav...- intentó responder Platón para mostrarle sus equivocaciones mediante el mito.

— "Todo fluye" -continúo Nietzsche con su monólogo-. Supón que ahí fuera hay un río y que me he bañado en él hace un rato. Si me vuelvo a bañar, no será el mismo: la gente orina, los peces se mueven, el agua corre... e igual de verdadero es uno que el otro. Los sentidos, la vida, eso es una pluralidad de cosas, todas verdaderas... Por tanto, no hay una verdad -explicó Nietzsche citando a Heráclito.

— Pero para Heráclito, debajo de los sentidos sí hay algo estable que los explica.

— Bah... Es cierto que en ese sentido desmereció los sentidos, pero que "todo fluye", eso es cierto, vamos -explicó Nietzsche con cierto aire de sabiondo.

Platón trató de no alterarse, pero le disgustó mucho lo que Nietzsche estaba diciendo. Pensó: "Tal vez no es tan sabio como yo pensaba y aún no ha visto la luz que le guíe al conocimiento, pero yo le ayudaré a encontrarla, a parir verdades, ¡como decía Sócrates, bendito sea!".

— Sí, hay cambio constante en este mundo por los sentidos. Pero debajo del cambio, de lo material, existe lo auténtico, que es de otra naturaleza y pertenece a otro mundo -explicó Platón-. Hay unas ideas verdaderas, y este mundo se ha hecho en base a esas ideas. Pero están corruptas por los sentidos, los sentidos no nos permiten ver cuál es la idea verdadera de la que derivan las cosas.

— ¿Cómo van a explicar este mundo unas ideas que ni siquiera pertenecen a él? Es como si dijésemos que un cacahuete nos da la explicación de cómo funciona nuestro cerebro... Son cosas inconexas... ¡No se puede explicar un mundo a partir de otro diferente!

— Bueno, eso lo dirás tú -respondió Platón, un poco alterado ya por las formas de Nietzsche.

— ¿Cómo se supone que dos mundos opuestos se complementan de modo que el ideal explique el aparente?.

— ¿Un qué? -preguntó Nietzsche

— Una especie de ser que ordena las ideas que hay presentes en este mundo. Un demiurgo –afirmó altivamente Platón.

— Si, y un unicornio también -respondió Nietzsche entre risas-. Vamos, sé que puedes esforzarte más en inventar una explicación...

— Un demiurgo las observa en el mundo de las ideas, las copia y las transporta al mundo sensible, solo que en el sensible los sentidos no nos permiten ver con claridad de qué idea derivan.

— ¡VA, HOMBRE! Eso no existe, son los padres. Igual que Papá Noel. Se lo han inventado para que te sientas mejor - exclamó Nietzsche moviendo los brazos, alterado.

En el fondo había otra mesa:

— Mamá, ese señor dice que Papa Noel no existe -le dijo un niño a su madre llorando mientras señalaba sentenciosamente a Nietzsche. La mujer le abrazó y le dijo:

— ¿Cómo va a ser mentira? Es que ese señor es un amargado. ¿No ves qué pinta tiene? Ahora le diré yo cuatro cosas.

Entonces la señora se acercó a Nietzsche con su hijo y le dijo:

— Oiga, usted no puede decir esas cosas delante de los niños. Es usted un despiadado.

— Mira, niño -dijo tocándole la cara al pequeño-. Sé fuerte. Nada de lo que te hayan dicho es cierto. Pero tengo fe en ti, tú eres el elegido, eres capaz de crear, de jugar con las ideas a tu gusto. Invéntate lo que realmente te apetezca y cree en ello.

Entonces miró a la madre y prosiguió:

— Me encantan los niños, su imaginación y su forma de vivir impulsivamente. Es hora de que sepa que no existe Papá Noel ni el conejo de pascua ni nada de eso -el niño se puso a llorar desconsoladamente-. De nada –añadió Nietzsche con una voz firme.

La mujer le miró con asco y le ordenó:

— Apártese de mi niño. -Y se marchó del bar indignada.

Platón prosiguió su explicación sobre el demiurgo:

— Que sí, hombre, lo que hace es copiar las ideas perfectas y llevarlas a este mundo.

El camarero, que estaba ya un rato escuchando, se entrometió en la conversación:

— Aaah... creo que lo entiendo. Usted dice que hay un ser que actúa como una fotocopiadora, que copia las ideas. Pero claro, al copiarlas, son menos perfectas...

— Una foto... ¿qué? -preguntaron ellos al instante.

— Una fotocopiadora, una máquina que copia lo que tú le pongas.

— ¿Eso existe? ¿Es como mi demiurgo? ¿Me lo podría mostrar? -preguntó Platón impaciente.

— Sí, claro, acompáñenme... Se lo mostraré -el camarero les llevó a su oficina y les fotocopió un par de documentos.

— Mira qué maravilla, Nietzsche... copia lo que le pongas... ¿Ves? Así actúa el demiurgo, solo que en lugar de con papeles, con las ideas...Qué maravilla, por favor... Cómo copia originales... Yo quiero una de estas... -dijo Platón cogiéndola con cuidado.

— Pues búsquese una, ahora las hay de muy buenas -respondió el camarero apartando las manos de Platón de la fotocopiadora.

Nietzsche, mosqueado, le dijo:

— ¿Sabes que podría hacer tu demiurgo? Un poco más de caso a lo corporal, a los sentidos, al cuerpo... que es lo que existe. -Entonces se bajó los pantalones e hizo fotocopias de su trasero.

Al camarero le sentó fatal y les dijo:

— Oigan, son unos desagradecidos. Encima que les muestro mi máquina, ¡¿se dedican a fotocopiar sus partes?! Miren, si no consumen nada, tendré que pedirles que se marchen de una puñetera vez y me dejen trabajar en paz.

— Qué camarero más pesado. Además, en lugar de trabajar se dedica a mirar esa caja tonta creadora de cerebros muertos y paralizados.

A continuación, el camarero apagó el botón de encendido de la fotocopiadora y les invitó educadamente a salir de la habitación con el brazo.

— Vamos, ya es hora de que trabajes un poco, aún no nos has ofrecido nada de comer y mira qué hora es -dijo Platón saliendo de la habitación.

Los tres salieron por la puerta. El camarero les dijo re-signado:

— ¿Qué desean comer?

— Lo que sea, sorprende nuestro paladar -sugirió Nietzsche

— Algo no muy copioso -respondió Platón.

El camarero les sirvió unas bravas y les sugirió:

—¿Desean beber algo?

Los dos dijeron al unísono:

—Agua

El camarero se fue con cara de enfado, resoplando.

—Pero serán rácanos -refunfuñó.

8. APOLOGÍA A SÓCRATES

Mientras comían aquella ración de bravas rancias que el camarero les había servido, Nietzsche le preguntó a Platón:

— ¿Por qué crees tanto en todo eso de la verdad ? No tiene sentido. ¿Cómo llegaste a esa conclusión tan loca?

— Me lo enseñó mi maestro -dijo Platón, orgulloso, refiriéndose a Sócrates.

— ¡Tu maestro! -exclamó Nietzsche con cierta vanidad-. ¡Ni me lo nombres! -gritó, dando un golpe fuerte sobre la mesa y escupiendo algunas patatas. La cara le cambió a Nietzsche; si ya parecía alterado en su estado normal, ahora todavía más.

— Tu maestro fue el primer payaso que la humanidad se tomó en serio. ¡Sois los padres de la Decadence, de la fe en los valores del hombre débil...! ¡Habéis hecho de los hombres animales domésticos y mansos!

— Querrás decir seres racionales -corrigió Platón.

— No, la mayéutica[5] de Sócrates no es sino una imposición de valores del débil.

— No, Sócrates ayudaba a parir verdades. No imponía nada, ayudaba a sus alumnos a reflexionar -dijo Platón.

---

5 La mayéutica, método que utilizaba Sócrates para "hacer parir la verdad" a sus alumnos. Se trataba de interrogarles hasta que llegasen a la conclusión verdadera.

— ¡¿Qué?! -exclamó Nietzsche dejando salir una cruel risotada-. Lo que hacía tu queridísimo maestro era que la gente dejase de pensar, marearles la perdiz para que creyesen que no sabían nada, reducirles a debilidad y anular sus ideales, y entonces... ¡PUM! -exclamó aplastando una pobre mosca que pasaba por su lado-. Conducirles hacia lo que él quería que pensasen...

Entonces, mirando a Platón, dio una estocada con el tenedor a las patatas y dijo:

— ¡Matar la voluntad de poder! ¡Dejarla moribunda, debilitar el pensamiento propio para imponeros! ¡Eso es lo que hacéis!

Nietzsche, retomando la apología a Sócrates, le dijo:

— Tu maestro ha mermado la voluntad de poder de la gente. Por eso ahora domina la absurda televisión, porque esperan a que les digan qué creer o qué hacer en lugar de pensar por ellos mismos. -Entonces, cogió a Platón de los hombros y le gritó-: ¡Sois unos inútiles¡ ¡Por vuestra culpa la humanidad enfermó!

— Mi maestro no dice qué pensar, sino que enseña la verdad -respondió Platón enrabiado ya por la poca educación de Nietzsche y la falta de respeto hacia su maestro.

— Busca una verdad estable y niega este mundo porque es incapaz de vivir en él. La transvaloración, eso ha conseguido. Cuando lo bueno se tornó "malo" y la debilidad y el resentimiento se volvieron valores "buenos".

— Pero ¿de qué hablas? ¿Cómo va a ser lo bueno malo y viceversa...?

— Transvaloración lo llaman, la venganza del débil -dijo como si narrase un título de película de tarde.

— ¿Quién lo llama así? ¿A qué? Qué manía de hablar en plural...

— Fue entonces cuando los débiles, los que sufrían por la imposición de los fuertes, los incapaces de defenderse, crearon su refugio. Su sufrimiento se tornó virtud, su modo de evitar las enfermedades se llamó prudencia, su modo de no pelear para defenderse, "amor al prójimo"... Qué repugnante remedio. Negaron todo lo vital, lo corporal, la capacidad de defenderse... Y a esta negación la llamaron «el modo más auténtico de vivir».

— Menudo desvarío... Por Apolo... -se escandalizó Platón.

— Ese es el problema, ¿no lo ves? No fueron capaces de vivir e hicieron de la negación de la vida lo "bueno" y de su afirmación, de las pasiones, del cambio... lo "malo". Son los resentidos de turno, los envidiosos... que se tornaron contra la vida, el fuerte, el originariamente bueno, el cuerpo.

— ¿Envidiosos? -preguntó Platón soltando una risotada de sarcasmo.

— Envidiosos, incapaces de luchar. Como en la vida no podían afirmarse, crearon otra diferente e hicieron de su modo de vivir "el mejor" y del auténtico, el "malvado, vicioso, impío...". Pero no solo eso. Tenían que imponerlo, porque de lo contrario la vida les azotaría. Si dicen que solo hay un modo de vivir auténtico, han de hacer que todo el mundo así lo piense o si no, los demás modos de vida se le impondrán. Y así mataron la voluntad de poder.

— ¿Voluntad de qué? -preguntó Platón extrañado.

— No me extraña que no sepas qué es, si tú no tienes de eso... Mira, la vida trata de afirmarse siempre, pero para afirmarse necesita cambio, movimiento, ¡¡lucha!!

La energía vital está en todo, en las plantas, en ese jardín de ahí fuera... Es vida que trata de crecer. Pero no podemos crecer si nos paralizamos, si negamos la vida, los impulsos del cuerpo... Se trata de esa necesidad de la vida de empoderarse, de afirmarse... ¿Cómo va a afirmarse la vida si la enfermamos, si nos evadimos de ella pensando en un mundo irreal, si paralizamos el movimiento? Mira, Platón, si dejas de moverte, de luchar, mueres. Si te resignas a vivir sin actuar, sin luchar, sin superarte a ti mismo, sin sentir el dolor, sin hacerte más fuerte... es porque estás muerto.

— Ya, pero la razón es la que nos lleva al conocimiento, al pensamiento, a la autorrealización...

— ¡No!, jamás. La razón no es sino la exteriorización de nuestra voluntad de poder. Tú defiendes que existe una verdad más allá y que este mundo es irreal mediante unos argumentos. La razón exterioriza tu debilidad para luchar por afirmarte, para vivir tu vida... Yo defiendo los argumentos de la vida, lo corporal. Eso es exteriorizar una voluntad de poder fuerte. Por desgracia, tú y tu maestro hicisteis de la debilidad lo bueno, de esa defensa frente al cambio, de esa ceguera ante la vida... Y de lo "verdadero", de la creatividad, el cambio y lo vital... lo falso.

— Pero ¿cómo va a ser tu realización algo irracional? Entonces, ¿eres como un animal? -preguntó Platón asombrado por aquello que estaba escuchando.

— Somos animales, la voluntad de afirmarnos no es meditada, la vida es movimiento en busca de crecer y afirmarse. Esto es anterior al razonamiento. Por ejemplo, observa esto.

A continuación, Nietzsche se fue hacia un hombre grande y corpulento que acababa de entrar en el bar y le golpeó sin más. El hombre, sobresaltado, rápidamente le devolvió el golpe:

— ¿Es gilipollas o qué?

— Así me gusta –respondió Nietzsche satisfactoriamente.

— ¿Está usted loco? Déjeme en paz –el señor no entendía de qué iba ese numerito.

Nietzsche insistió de nuevo con otro pequeño golpe que también le fue correspondido. Al levantarse, empezó a seguir al señor en dirección a la caja de pago, pero este pagó y se marchó mientras Nietzsche le gritaba:

— ¡Vamos, afírmese, no sea débil! – le gritó Nietzsche con aires de gallito.

El hombre le miró desafiante y contestó:

— ¡Abuelo, ¡usted no está bien de la cabeza!

Nietzsche se volvió de nuevo hacia Platón y le explicó lo que había sucedido:

— Mira, la vida se afirma a ella misma solo que de un modo más fuerte, enfrentándose y luchando por crecer y afirmarse, o de un modo más débil, evadiéndose de los problemas, paralizándose, creando mundos imaginarios estables. Pero todo ello es inconsciente y previo a la razón. Ese señor, es fuerte, se ha afirmado -dijo mostrándole el ojo morado que le había dejado-, pero no se ha parado a pensar en defenderse para hacerlo, solo ha sido fuerte y lo ha hecho. Es superación, crecimiento, impulsos, cuerpo... Y sobre todo, lucha frente al dolor por afirmarse, no por evasión.

El camarero empezaba a aburrirse de tanta filosofía puesto que su mente no estaba preparada para aguantar tanto, de modo que salió para fumarse un cigarrillo. Ya quedaba poca gente, así que podía permitirse un descanso. Además, ambos filósofos seguían con su ración de bravas. Antes de salir les dijo a los dos:

— Acábense esas bravas, en una hora cerraremos. -Nietzsche y Platón le ignoraron y siguieron con su conversación.

— Ya... Pero eso no es razonar, no es filosofar, es guiarse por los instintos... -le contestó Platón a Nietzsche-. Yo te hablo de filosofía, de amor a la sabiduría. Nada tiene que ver con los impulsos, más bien con alejarse de ellos para ver la esencia de las cosas.

— ¿Filosofar? Yo filosofo así. Observa -dijo Nietzsche levantándose de su taburete.

Nietzsche cogió un martillo que había en una vitrina donde estaba escrito: "Usar en caso de emergencia". "Bueno, teniendo aquí a Platón tratando de enfermarme con su filosofía, es una emergencia», pensó. Lo cogió y empezó a agitarlo.

— ¿Qué es esto, Platón? -preguntó Nietzsche mirando a Platón con una sonrisa de oreja a oreja y de un modo desafiante. Pero Platón tuvo miedo a responder, no podía anticipar muy bien cuáles eran las intenciones del imprevisible filósofo.

— Un martillo para aplastar cosas, para destrozar -respondió a sí mismo Nietzsche.

A continuación, cogió el servilletero que estaba lleno de frases de autoayuda y empezó a golpearlo:

— Mira, como filósofo, destrozo las verdades de los débiles, aplasto los argumentos que niegan esta vida cambiante en lugar de conceptos claros, metáforas que demuestran mejor la naturaleza plural de todo lo que hay, en lugar de sentencias firmes, ironías -afirmaba a gritos.

Nietzsche continuó rompiendo cosas unos instantes... Platón se quedó sentado mirando el espectáculo, sin hacer nada más que ver a la clientela marcharse apabullada.

— Destroza, siente cómo se derrumba el mundo estable. Los ídolos caerán para dar lugar al caos, el cambio, las pasiones... No puedes evadirte de la vida. Siente la pasión, la ira... -dijo riendo a carcajadas-. DIONISIO, AYUDA A ESTE POBRE DÉBIL -gritaba.

El camarero entró al ver a los pocos clientes que quedaban en el bar salir corriendo...

— ¿Se puede saber qué sucede aquí? -preguntó a gritos y alterado el camarero.

— Estamos filosofando, déjanos en paz -respondió Nietzsche apartando al camarero hacia un lado sin siquiera mirarle.

— ¿Qué? ¿Que les deje en paz? ¡Márchense ahora mismo! -ordenó el camarero señalando la puerta

— No, por favor, no tenemos dónde ir -dijo Platón con una actitud suplicante-. Las humedades no se han vuelto a abrir, no sabemos en qué lugares podemos acabar en este mundo tan extraño -trató de explicar al camarero.

— Después de esta escena, ¿esperan que les deje quedarse?... La llevan clara- comentó el camarero sofocadamente.

— Por favor... Sería usted tan amable si nos dejase hospedarnos aquí -rogó Platón como si estuviese implorando misericordia-. No conocemos a nadie del lugar. Además, usted es un ser humano inteligente, debe conocer lo bueno y sabrá que es bondadoso ayudar al prójimo...

— No necesitamos su ayuda, ¡afírmate Platón! No paz, sino guerra para hacernos más fuertes -dijo Nietzsche mientras tiraba del brazo de Platón hacia sí mismo, marchándose.

— Mire, le pido disculpas en nombre de ambos, déjenos pasar aquí la noche -insistía Platón.

— Esto no es un hostal, márchense -se mantenía el camarero en sus trece.

— Va a dejar abandonados a dos viejos, ¡no tiene usted corazón!

— Vámonos, no necesitamos a nadie, encontraremos por ahí más humedades por las que podamos regresar a casa.

Nietzsche salió a la calle, un tanto desorientado, pero con el orgullo bien alto. Platón hizo uso de su astucia y le dijo al camarero susurrando:

— Mírelo, si hasta habla solo, necesita cuidados...

El camarero se apiadó, moralmente no le parecía correcto dejar tirados a dos ancianos desorientados. Resoplando, les dijo con un tono resignado a la vez que irritado:

— Está bien, quédense esta noche, pero mañana llamaré a la residencia de donde provengan para que vengan a recogerles.

9. PLATÓN Y NIETZSCHE SE HOSPEDAN EN EL BAR

Platón le dio las gracias una y otra vez, pero Nietzsche se negaba a entrar. Sin embargo, ambos lo cogieron forcejeando y lo metieron en el bar. Entre los gritos de Nietzsche y los empujones, la policía, que pasaba por allí, entró en el bar y se acercó a Nietzsche.

— He visto lo que acaba de suceder, ¿se encuentra usted bien, señor? -dijo el policía preocupado por Nietzsche y observando extrañado las vestimentas de los dos filósofos.

— Sí, está bien, no se preocupe -respondió el camarero. Pero el policía le ignoró completamente mientras trataba de averiguar qué es lo que estaba pasando.

— Es que está un poco turbado -añadió Platón sujetando al filósofo.

— Turbado, no... Masturbado, lleno de placer por la vida. ¡Dejen a la gente vivir! -dijo Nietzsche soltándose de las zarpas de Platón.

— ¿Perdone? ¿Es que le retienen a la fuerza? -preguntó el policía con un tono grave.

— La sociedad me retiene... ¿Quién es usted?

— Yo soy la ley -dijo el policía con ese tono que se suele utilizar para mostrar superioridad.

— Bueno... Otro ignorante represor que no deja a los fuertes afirmarse... -soltó Nietzsche.

— ¿Cómo dice? -preguntó alterado el policía.

— Lo que oye, que es un represor... Un tirano. No, no, el representante de la tiranía del débil -se corrigió Nietzsche mientras intentaba arrearle una torta que fue repentinamente interceptada y apartada por Platón.

— Déjenlo... No sabe lo que dice... -dijo Platón intentando suavizar la situación.

— Sí, mejor será... Cálmese o me veré obligado a utilizar la fuerza -dijo serenamente el policía mientras enseñaba su porra.

— ¿Cómo puede ser tan hipócrita? Es usted la ley, la ley del débil, ¿y va de fuerte? -dijo Nietzsche encarándose al policía-. No he visto en mi vida algo tan patético como sus intentos por hacer de lo débil algo que haya que defender. Igualdad... Igual de mierdas... Así son los individuos de vuestra sociedad. Me da la risa cuando pienso en el bien que cree usted que hace -dijo Nietzsche escupiendo sobre la placa del policía.

— ¿Quieren hacer una visita al cuartelillo? ¿Es eso? -dijo el policía sacándose la porra del cinturón.

— Vamos, valiente, atrévase -Nietzsche se encaró al policía-. Si esto no es más que la dictadura del débil, mire qué cara de bobos tienen todos... Todos se creen igual de importantes, pero en realidad, ¿sabe lo que significa la igualdad? -Y sin dar cabida a respuesta alguna, prosiguió-: La igualdad es mermar la voluntad de crecer a los demás para evitar que nos sobrepasen y disfrazarlo de virtud. La igualdad de la que hablan es la represión de los fuertes, el disfraz del mediocre.

— Yo defiendo la sociedad, no como usted, que no hace más que estorbar -respondió el policía.

— Es esta sociedad, como el niño que llora porque otro es mejor... Y fruto de la venganza en lugar de intentar superarse, le para la zancadilla para que no vuelva a intentar ganarle. Son todos infantes débiles e inseguros que se han acostumbrado a que otros les defiendan en lugar de ser personas fuertes que saben arreglar sus problemas.

— ¿Y este estropicio? -dijo el policía asomándose a la puerta- ¿Qué ha pasado?

— Naada, no se preocupe. -El camarero tenía el bar en condiciones insanas y no podía permitirse que Sanidad se lo cerrase-. Yo me encargo de ellos y de este desastre, no se preocupe -dijo apresuradamente el camarero tratando de deshacerse del policía.

— Me pillan fuera de servicio, ya es mi hora de terminar, así que voy tomarme una cerveza antes de marcharme para casa -dijo el policía entrando dentro del bar y picoteando unos cacahuetes sucios que había en un bol-. Mañana, cuando vuelva, quiero ver esto en orden -comentó en tono imperativo.

El camarero le sacó una cerveza al sediento policía, que se vio interrumpida en su trayecto hasta su boca por un manotazo propiciado por un Platón enfurecido.

— ¿Es que no piensa hacer nada al respecto? ¿Deja el asunto así, sin más? ¿La ley no significa nada para usted? Mi maestro llegó a morir por la justicia y usted, ¿se marcha a descansar? ¡Es usted un incompetente!

— ¿En qué quedamos? -preguntó el policía riendo, pero desconcertado por la actitud de los filósofos-. ¿No se quejaban ustedes de que debilitamos a la sociedad defendiéndola? Pues déjenme en paz -dijo haciendo un gesto de indiferencia acompañado de un arrogante "¡bah!".

— Eso lo dice el inútil de Nietzsche, no le haga ni caso. Es un cavernícola todavía, pero le llevaré por el buen camino. La cuestión es que, por amor a la justicia, no puede usted hacer otra cosa sino velar por ella las 24 horas. Es su deber.

— Sí, claro, no tengo nada mejor que hacer, no necesito descansar -respondió con ironía el policía.

Nietzsche le susurró a Platón al oído:

— ¿Qué? ¿Jode que utilicen la ironía con uno, verdad? Así se sienten tus alumnos todo el día... Ahora, una vez tocado, te toca defenderte, afírmate, plántale cara, vamos...

— ¿Acaso no entiende usted la idea de bien? ¿Y se hace usted llamar policía sin entenderla? Si conoce el bien, debe de velar por su cumplimiento, porque desea que se realice de la mejor manera posible. El bien no descansa nunca... El bien no para para tomarse algo, ni mucho menos para relajarse en un bar...

Nietzsche, que esperaba ver un zasca más agresivo, se metió en la pelea y le arreó un guantazo al policía, así, sin más:

— Estamos hartos de usted, solo ha venido aquí a provocar, a molestarnos, abusando de su uniforme y su placa. Y encima se está tomando unos cacahuetes que han sido babeados, ensuciados y empelusados en nombre de la filosofía -el policía enfureció y su cara enrojeció.

El camarero se metió por el medio tratando de apartar a Nietzsche y a Platón con un brazo hacia un lado y poniéndose delante del policía:

— Nietzsche, cállate –pese a ser una persona educada, el camarero poco a poco había dejado de referirse a los filósofos de usted debido al comportamiento de estos-. Policía, no se preocupe, mañana le saco todos los papeles y estos dos no volverán a armar escándalo.

El policía ya se había enfurecido, no podía obviar el desacato a la autoridad que los filósofos habían cometido. ¡Se habían reído de él! Les propició un buen porrazo en las piernas, como la ley permite, y puso la multa por desacato a la autoridad, que evidentemente no podían pagar:

— Tienen un mes para pagarla. Y tienen suerte de ser lo suficientemente molestos como para que yo no quiera tenerles haciéndome compañía en el cuartelillo todo el día – tras decir esto, se largó orgulloso de su "trabajo".

— ¿Qué hacen ahí sentados? Esto es increíble -dijo el camarero cruzando los brazos-. Recojan este estropicio que han montado, ¡ya mismo! -les ordenó.

— No se preocupe, después de comernos las patatas rancias estas lo recogemos -respondió Nietzsche con desdén, removiendo las patatas.

— ¿Por qué no se sienta a acompañarnos? -le sugirió educadamente Platón.

El camarero se sirvió una cerveza bien fría y se alejó de ellos:

— No, gracias -respondió irónicamente-. Y esto lo quiero recogido -insistió.

Ambos le ignoraron y siguieron su conversación. Mientras, el camarero se puso de cara al televisor.

— Míralo, ya está de nuevo cara a esa caja tonta... Le ofrecemos sabiduría y la ignora, prefiere esa tontería... -dijo Nietzsche-. No lo entiendo -añadió sacudiendo la cabeza de lado a lado.

— Qué mal invento... Anda, cómete las patatas, que me las estoy acabando yo solo - le dijo Nietzsche a Platón.

— No, gracias, yo estoy a dieta sana. No me quiero dejar turbar por los placeres de la comida -dijo sabiamente Platón.

— Ya... Bueno, eso es un poco estúpido. Significa que tu cuerpo está débil, tal vez porque no lo has cuidado... -contestó Nietzsche mirando el fofo cuerpo de Platón de arriba a abajo.

— No, es la manera más racional de vivir -trató de refutarle Platón-. Ni excesos, ni brebajes embriagadores, ni nada que turbe mi razón. Es el mejor modo de vida para no alterarse y poder encontrar el recto camino.

— La razón, ¡bah!, ¡menuda gilipollez! -le reprochó Nietzsche-. Eso es un mero instrumento que usamos para argumentar cómo nos afirmamos en nuestra vida. Ella no es sino una expresión de cómo queremos afirmarnos. Trata de justificar por qué nos afirmamos de un modo u otro...

— ¡Eso que dices es una barbaridad! -exclamó Platón indignado por las afirmaciones de Nietzsche.

— Por ejemplo, ¿te gustan las lentejas?

— Claro.

— No, a nadie le gustan, joder.

— A mí me gustan -insistió Platón.

— Te gusta que sea sano. Como te encuentras débil, tu cuerpo las necesita para afirmarse y entonces tú justificas que hay que comer lentejas. Esto es lo que yo oigo cuando dices que te gustan las lentejas: "Mi cuerpo está débil, de modo que me afirmo y trato de vivir cuidándome. Los impulsos de afirmar la vida me llevan a comer mejor... Lo que es sano y me parecía asqueroso, ahora me parece buenísimo". La razón como mecanismo de defensa para afirmar la vida dice: "Es bueno porque si quiero mejorarme, debo tomarlo". Lógicamente, es la vida afirmándose la que me hace justificar o no el hecho de comer lentejas, no la razón. Es el cuerpo el que habla, la razón solo es su voz.

— Cómo va a ser el cuerpo el que hable... No tiene sentido.

— Cuando tienes hambre, tu estómago gruñe. Entonces la razón busca el modo de justificar su reacción y dice: "Tengo hambre". Pero primero es el cuerpo; luego, la razón expresando el modo de vivir. La vida se afirma, el cuerpo se expresa según su capacidad y luego la razón busca cómo explicarlo. Si me encuentro fofo, voy al gimnasio. No me gusta hacer gimnasia, pero si quiero poder afirmar mi vida, andar mejor... debo hacerlo. No diré que me gusta el ejercicio porque la razón me haga pensar que es lo mejor, sino porque mi cuerpo lo necesita. Si no lo necesitase, diría: "¿Para qué?"

— Estás reduciendo la razón, la esencia del ser humano a algo muy simple... Eso no es así, ella nos lleva al conocimiento y debe ser la que rija nuestra vida. No a la inversa -comentó Platón escandalizado.

— Tú tienes una voluntad de poder débil -dijo Nietzsche dándole golpecitos con el dedo mientras hablaba-. Lo que haces es negar los sentidos y decir que son malos e inventarte algo distinto como bueno, como vida. Es un modo de

sobrevivir... de fingir que afirmas tu vida. Pero es instinti-
vo. Primero los evitas, sientes el miedo a vivir en el cambio y reaccionas negativamente inventando algo estable,
distinto... Pero lo primero siempre es lo corporal, luego
viene la razón.

Platón y Nietzsche se acabaron las patatas y subieron a
la planta superior del bar donde se hallaba la vivienda del
camarero, que era a su vez dueño del bar. La planta superior solo tenía una pequeña cocina, una mesa para comer,
un dormitorio y un pequeño sofá.

Entonces Nietzsche observó que el camarero se hallaba
en el dormitorio viendo su televisor. Señaló al televisor y
ambos observaron que el camarero estaba viendo porno-
grafía, Platón, asqueado, susurró:

— Menudo primate irracional.

— ¿Que tienes en contra del sexo? No tiene nada malo,
es algo natural -le dijo Nietzsche a Platón como si le estuviese hablando de sexualidad a un niño por primera vez.

— Esa porquería turba la razón, no te permite ver con
claridad lo auténtico -dijo Platón apartando la vista del
televisor, aunque miraba de reojo.

— En realidad, crees que es malo porque eres un pusi-
lánime, tienes miedo a que el placer te domine, pero en
lugar de enfrentarte a ello... Lo que haces es negarlo,
reprimirlo totalmente. ¡Eres un reprimido! Luego eso lo
justificas afirmando que hay un modo de vivir mejor, lejos
de los placeres... Te castras como autodefensa frente a tu
incapacidad y luego lo justificas con no sé qué moral que
te has inventado. Eres un envidioso reprimido en el fondo
-sentenció Nietzsche.

— Eso no es así, lo que pasa es que te ciegan los placeres, los vicios... Eres un vicioso... Pero yo soy como el esclavo libera- do... He vuelto para liberarte, llevarte al conocimiento...

Platón se asomó a la ventana y gritó:

— Soy el esclavo libertador, vengo a traeros la verdad de nuevo, a liberaros de lo sensible. Dejad que los jóvenes se acerquen a mí.

En ese momento, Nietzsche estuvo a punto de tirarle por la ventana y librarse de una vez por todas de él, pero finalmente no lo hizo... Una suave brisa le abrió los ojos: «Tal vez este débil llegue a convertirse en un león que devora la verdad y... ¿Quién sabe? Igual también es capaz de afirmar su vi... bueno, eso igual no...».

Un grupo de gente que paseaba por la calle miró hacia arriba y empezó a murmurar:

"¿Quién se cree, Jesucristo?". " Cállate, maldito pederasta, y deja de enseñarlo todo bajo esa sotana blanca". "Ponte un pantalón, pervertido". "Sí, la juventud debe conocer el bien", gritó un cura que había por allí cerca...

En fin, el hecho de hacer pensar a la juventud siempre parece algo perverso excepto si se trata de asuntos de fe.

Nietzsche y Platón se tumbaron en el sofá, los pies de uno daban en la nariz del otro. Resultaba curioso cómo se daban en las narices el uno al otro constantemente.

— Nietzsche, aparta esos pies, huelen fatal... -dijo Platón, apartándole las piernas de su cara con brusquedad.

— Los tuyos sí que huelen mal, Platón. Estás tan podrido vitalmente que apestas... La negación de la vida se hace presente en tu olor, eres un muerto viviente... La muerte en persona, eso eres. Como tu cuerpo está deteriorado por falta de uso, se pudre y huele mal, y demuestra en realidad tu modo de vida decadente, tu falta de capacidad para vivir.

— ¡Pues anda que tú! -dijo Platón. Entonces se giró de espaldas y trató de dormir, pero no era fácil...

— Oye, Platón, ahora tendré pesadillas con tu maestro. ¡Mira que era feo el hombre! En todos los sentidos. Tanto negar la vida le hizo parecer más que un ser humano, un monstruo.

— ¡Cállate! -exclamó Platón harto de las intervenciones de Nietzsche-. Su alma era buena y eso es lo que importa. Lo sensible no es importante, la apariencia es un engaño.

— Eso no es así, si tú tienes un cuerpo feo es porque reprimes las pasiones, la vida... o porque vives dependiendo de los placeres, arrastrado por el alcohol, malas comidas... Sea el caso que sea, es porque no te autoafirmas; no luchas por vivir sino que te dejas arrastrar por las evasiones de la vida. Además, no podemos negar la fealdad de Sócrates. En uno de mis libros fantásticos describí cómo un experto en rostros le dijo que era un monstruo y Sócrates le respondió al extranjero: "Usted me conoce, señor mío"... ¿Qué te sugiere eso? Aunque niegue la vida, los instintos y las pasiones, su represión hace de él un ser monstruoso, incluso en su aspecto... La represión de la vida se manifiesta de modos horrorosos. Tú vas por el mismo camino, parece que no haces mucho deporte, Platón.

— ¿Y qué me dices de un cojo? ¿O de alguien con algún problema físico? -preguntó Platón indignado.

— ¡Joder! Lo que quiero decir es que si la vida se autoafirma a sí misma, si un paralítico lucha y trata de afirmarse, es como el que ejercita un músculo, su vida mejora, crece y eso se manifiesta físicamente también. Igual que si un supermodelo deja de luchar para afirmar sus impulsos, su vida... se manifestará físicamente también. O si un sacerdote se dedica a reprimir sus pasiones, llegará un punto en que necesitará sentir y estallará de un modo perverso.

— Bobadas -replicó Platón mientras seguía tratando de ignorar a Nietzsche y dormirse.

10. LOS CIENTÍFICOS SE REÚNEN CON EL PRESIDENTE

Mientras tanto, en el laboratorio del sótano del Centro de Conocimiento y Poder, los dos científicos responsables de la operación destinada a acabar con la filosofía continuaban discutiendo sobre los motivos que habrían podido dar lugar a que los agujeros de gusano no hayan llevado a los dos filósofos ante ellos.

— ¿Me estás diciendo que no tienes ni puñetera idea de por dónde andan los filósofos? ¿Es eso? -le gritaba el viejo al joven mientras atornillaba un tornillo suelto de la máquina.

— No, señor. Le estoy diciendo que están en la ciudad, pero no tengo claro dónde - dijo el joven apartándose de su superior con prudencia.

— Es que no sé lo que te voy a hacer. Sabía que esta misión te venía grande, ¡joder! -decía el viejo dando voces y puñetazos contra la máquina.

— Señor, la máquina no tiene la culpa... -dijo el joven acercándose a los botones de la máquina y tratando de suavizar los males que el viejo le estaba causando con su furia.

— ¿Te atreves a insinuar que es culpa mía? -preguntó el viejo, esta vez amenazando.

— No, señor, pero puede que las coordenadas que puso...

— ¡Ni te atrevas! -dijo el viejo alzando la mano-. Está bien, vamos a serenarnos. Esos dos insumisos deben de andar por ahí molestando a la gente, así que lo mejor que podemos hacer es movilizar a la policía para que salgan en su búsqueda.

— Pero señor, entonces sabrán que nuestra máquina ha fallado y no los ha traído directamente aquí a la sede.

— No, sabrán que tú has puesto mal las coordenadas, como novato que eres. Lo siento, muchacho -dijo el viejo dándole una palmada en la espalda—. También colgaremos carteles de búsqueda, por si alguien les encuentra, los traiga ante nosotros.

— Pero señor, no pueden saber que los dos filósofos andan por aquí, los ciudadanos no saben nada de esta operación.

— Ay, alma de cántaro, no pondremos que son filósofos, pondremos simplemente que son dos insumisos.

— Ya... Bueno, ¿eso no sería mentir a la ciudadanía? ¿No es un poco... inmoral? -preguntó el joven, seguro de que realmente era una inmoralidad.

— ¿No conoces nuestro lema? Todo por el pueblo, pero sin el pueblo -recalcó el viejo.

Los dos científicos organizaron una reunión para explicar lo sucedido. El viejo reunió allí al departamento de Policía, a la ministra de Defensa y al presidente del Gobierno. Estando reunidos les explicó lo sucedido:

— Bien, por motivos que no vienen al caso, la operación destinada a acabar con la filosofía se ha convertido ahora en la operación destinada a encontrar a los filósofos. Por el momento -bromeó el viejo, tratando de suavizar los acontecimientos.

— ¿Cómo? ¿Qué ha pasado? -preguntó la ministra de Defensa con un tono amenazante.

— Verá -dijo el viejo un tanto intimidado-, son asuntos de novatos... Este joven -dijo señalando al pobre científico joven- no ha puesto las coordenadas adecuadamente...

El presidente interrumpió:

— Señoresh, han de tomarse en sherio su trabajo, o dejarán en ridículo al Gobierno. Hemos sido elegidosh para garantizar la seguridaz y las eleccionesh están a la vuelta de la esquina. Antes de poner en marcha todas las fuerzash debe usted tener clara una cossa: lo mash importante que se puede hacer por voshotros esh lo que vosotrosh podáis hacer por vosotrosh. Así que manosh a la obra.

Los presentes en la reunión luchaban por contener la risa ante su presidente debido a su curiosa manera de pronunciar las eses; sin embargo, alguna que otra sonrisa se le escapó a más de uno y más de una en la sala.

Tras una larga pausa, la ministra de Defensa ordenó:

—Pónganse a reparar la máquina cuanto antes y traten de localizar qué coordenadas pusieron y dónde pueden estar.

— Señor, creo que si sabemos las coordenadas que puso, el margen de localización es de unos 5 km. Podemos incluso adelantarnos a la policía para recuperar nuestro orgullo -le susurró el joven científico a su superior.

— Mientras reparan la máquina, mis agentes buscarán por la ciudad -dijo la jefa del departamento de Policía.

Todos los allí reunidos se pusieron en marcha. Mientras, el presidente se había quedado allí observando los aparatos del laboratorio.

— Señoresh, hacen ustedesh una gran labor -dijo el presidente dirigiéndose al viejo científico.

— Ya, pero lo cierto es que necesitaríamos unas subvenciones mayores. Los fondos para innovación son bastante escasos -le dijo el viejo científico con un tono de ruego.

— Esh evidente -respondió el presidente rascándose la barba-, necesitáish presupueshto para fabricar máquinash que nos permitan seguir fabricando máquinash, porque lo que no va a hacer nunca la máquina es fabricar más máquinash.

Sin estar muy seguro de lo que significaba aquello pero a sabiendas de que el "progreso" dependía de ese señor, el científico viejo se dedicó a asentir.

Entonces, el joven científico interfirió en la conversación:

— Pero señor presidente, ¿usted no cree que esta operación de acabar con la filosofía es muy arriesgada? Ya sabe, algunos filósofos han hecho aportaciones realmente importantes. Es más, son los padres de todas las ciencias, los primeros que se preguntaron por el cambio en el mundo y la causa de dicho cambio...

El presidente no supo muy bien qué responder y se quedó en silencio, mirando hacia otro lado.

— Además, si realmente queremos que la gente sea más inteligente... -prosiguió el joven.

— No queremos que sean más inteligentes -interrumpió el viejo científico-. Ya has oído al presidente, queremos que sean capaces de crear máquinas para que podamos vivir más cómodamente. Que seamos más eficaces para que la producción sea mejor y mejoren las ventas y así, la economía. A eso se refería usted anteriormente, ¿no? —preguntó el científico girándose hacia el presidente.

— Sí, eshacto -respondió el presidente no muy seguro.

— Pero eso es engañar a los ciudadanos. No les hacemos progresar porque realmente las condiciones crearían desigualdad. Porque sí, los vendedores se lucrarían, pero ¿y los trabajadores? Esos realmente estarán explotados y su formación se limitará solo a crear máquinas que les suplanten en sus puestos de trabajo.

— Lo que nosotrosh hemos hecho es engañar a la gente... digo... formar a la gente, perdón -respondió el presidente-, no como han hecho losh filóshofos esos.

— Bueno, señor, es hora de que nos vayamos a trabajar -dijo el científico viejo llevándose al joven del brazo y riñéndole en voz baja—: ¿Quieres que el mismísimo presidente te tome por insumiso o qué? Vamos a arreglar esto rápido o la Policía se atribuirá todos los méritos de la misión. Arregla ya la dichosa máquina.

11. EL GRUPO DE AUTOAYUDA SE REÚNE EN EL BAR

A la mañana siguiente, el camarero se levantó a hacerse el desayuno, pero Nietzsche ya estaba despierto, rondando por la cocina. El olor a tostadas le animó a sentarse en la mesa y mientras el camarero se servía la leche, Nietzsche aprovechó para robarle una de las tostadas.

— ¡Oiga, son mías! —dijo el camarero, apartándole la mano de las tostadas a Nietzsche de un manotazo.

A continuación, el camarero abrió la nevera para coger el zumo de naranja que complementaría su desayuno. Nietzsche quedó fascinado:

— ¿Qué es eso? —preguntó señalando la nevera.

— Es una nevera, señor. Sirve para guardar los alimentos y que se mantengan frescos -aclaró el camarero con tono abatido por el hecho de tener que dar explicaciones de todo aquello que hacía a los dos desconocidos.

Nietzsche entrometió la cara en la nevera

— Qué frescor, esto es una maravilla... Y los alimentos... ¿no se echan a perder?

— No, señor -respondió el camarero.

— Entonces, ¿si me introdujese yo ahí podría conservarme mejor?

El camarero le miró extrañado por su fascinación y sus preguntas.

— No se lo recomiendo.

El camarero, adelantándose a las intenciones de Nietzsche de gorronearle la comida, le pasó la mermelada y ambos se pusieron a desayunar.

— Gracias a estos inventos sobrevive el hombre... Ha sabido adaptarse al mundo con su ingenio... -dijo el camarero, orgulloso como si se atribuyese el mérito de dichos inventos.

— ¿Eres un darwinista? -preguntó Nietzsche asombrado.

— ¿Darwinista? ¿Es un equipo nuevo? No, soy madridista, señor, ¿a qué viene la pregunta?

Evidentemente, con la falta de filosofía y crítica, todos los "istas" e "ismos" habían desaparecido prácticamente excepto en el fútbol, que se conservaba para mantener al pueblo entretenido y ocupado en dichos asuntos. Sí, el fútbol les entretiene, sirve al poder como cortina de humo: "Nuevo atentado en el país de...", dos minutos; "Gana el equipo del país 5 a 0», seis minutos... Y además, ha hecho olvidar a los hinchas la desgracia, su equipo ha ganado.

— ¿Me hablas de deporte? ¿Es que no dais a Darwin en clase? ¡En qué mundo de locos vivimos! -exclamó Nietzsche dándose una fuerte palmada en la frente-. ¿Y me llaman a mí loco? ¿Crees que el ser humano ha sobrevivido adaptándose al mundo?

— Sí, supongo... -dijo el camarero sin tener muy claro si esa respuesta iba a generar un nuevo e insidioso debate.

— Te equivocas de nuevo. ¿Cómo va a adaptarse? Eso es para débiles, el ser humano tiene más poder, es capaz de adaptar el mundo a él y no viceversa. Que no ve en la oscuridad, crea la luz. ¡No se adapta!

— Ya, pero... ¿No sobrevive el más fuerte? O eso leí yo en algún sitio...

— Según a lo que llames fuerza. La fuerza no es adaptarse, no es sobrevivir, es poder hacer que el mundo sea como deseamos. Mira a tu alrededor, mira qué edificios, qué cosas... Esto no es supervivencia, es creación, voluntad de afirmar nuestra vida más allá de lo que hay... No sobrevive el que se acomoda o resigna, sino el que crea.

El camarero, algo cansado ya de tanta cháchara, desvió el tema:

— ¿No despertamos a Platón, señor? A su edad no deberían levantarse muy tarde...

— No, estará soñando en su mundo de las ideas, evadiéndose de la realidad...

El camarero observó más de cerca a Platón y vio que tenía un pene pintado en la frente.

— Es usted peor que un niño -dijo riendo.

— Así aprenderá a no negar lo corporal -respondió Nietzsche seguro de sí mismo.

Al rato, estando ambos en silencio desayunando, Platón despertó y se acercó a desayunar con ellos. Nietzsche le dijo, moviendo su tostada de lado a lado mientras gesticulaba al hablar:

— Hombre, ¡ya era hora! Escucha, si la bombilla te fascinó, observa esta cosa de ahí. Se llama «nevera». Sirve para mantener los alimentos frescos...

El camarero hizo cara de resignación.

— A ver... -Abrió la nevera y vio que incluso hacía luz-. Es otra metáfora, mira... ¡Tiene luz!

Platón era como una luciérnaga, se sentía atraído por todo aquello que metaforizaba la luz de la razón, según él. Entonces empezó a abrir y cerrar la nevera... A continuación, cogió unas manzanas y trató de escenificarle el mito de la caverna al camarero.

— Escuche -dijo tirándole de la camisa-. Estas manzanas del bol están como en una caverna. Cuando ven la puerta de la nevera abierta... -entonces empezó de nuevo con el mito de la caverna.

Nietzsche le quitó las manzanas, dándole un tortazo.

— ¡Hostia ya! Habla de otra cosa, ¡joder!, que estamos hartos del mito ese. Como no te calles, ya no sé qué te haré –le dijo ya en un tono entre imperativo y amenazante.

Seguidamente, Nietzsche se giró hacia el camarero.

— Las ideas de este señor son un intento de crear, de adaptar el mundo a su gusto... El problema es que esa adaptación consiste en inventarse otro en lugar de disfrutar del mismo. Es entonces cuando la creación pasa a ser supervivencia, cuando la vida pasa a ser muerte en nombre de un mundo "mejor".

El camarero se metió entre ambos y le pidió amablemente a Platón, que seguía analizando la maravillosa nevera, que se sentase a desayunar con ellos, tratando así de paliar la agresividad de Nietzsche. Al camarero le sabía mal cómo se metía con Platón, aunque lo cierto es que era mutuo, ambos se buscaban. Platón buscaba a Nietzsche porque trataba de enseñarle el buen camino, se veía como el esclavo liberado de la cueva que necesita enseñar el bien, la verdad, pese a que le tiren piedras, porque cree que debería realizarse lo bueno en el mundo. Nietzsche buscaba a Platón porque afirmaba su lucha por la vida, defendía el enfrentamiento como algo que nos hace crecer como personas... Para él, Platón era como un duro saco de boxeo: cuanto más le daba, más enfrentamientos tenía con el mundo y más fortalecía sus ideas.

Durante el desayuno, el camarero les explicó a ambos:

—Hoy va a venir mi grupo de autoayuda y me gustaría que se comportasen, por favor. Para mí es muy importante. -Los dos filósofos se lanzaron una mirada de cómplices y quedaron simplemente en silencio.

— ¿Autoayuda? -preguntó Platón.

— Sí. Son gente que está deprimida y viene aquí para solucionar sus problemas. El *coach* nos guía en el camino a la felicidad.

— ¿El *coach*? ¿Quién es ese? -preguntó Nietzsche curioso.

— Es un hombre muy sabio que nos ayuda a superar nuestros problemas con terapias de autosuperación, de cómo poner buena cara al mal tiempo... Es quien nos vende estos servilleteros también -dijo el camarero, apartando un poco hacia atrás los servilleteros de la mesa. Ya sabía lo que pasaba cuando Nietzsche la tomaba con ellos.

Nietzsche saltó en cólera de nuevo.

— Estos servilleteros son una mierda. ¡No os ayudan, os enferman! ¿De verdad creéis que por sonreír más o imaginar un futuro mejor, los problemas se van a solucionar solos? Me ponéis de mal humor.

Nietzsche cogió de un arrebato un servilletero cercano y lo tiró a la basura acompañado de un enfático ¡joder!

— Este siempre está de mal humor, no sabe controlar sus impulsos, parece que tiene problemas de autocontrol -le dijo Platón al camarero-. Nietzsche, no seas así -dijo girándose de nuevo hacia Nietzsche-. Ese señor solo trata de evitar que esa gente se deje llevar por este corrupto mundo... Necesitan alguien que les guíe... -dijo Platón cogiéndole del brazo-. Puede que a ti te venga bien también.

— No necesitan a nadie que les haga evadirse de este mundo. Eso es enfermizo, joder. ¿No lo ves? -respondió apartándole el brazo-. El sufrimiento y el dolor existen, ¡que espabilen! -dijo Nietzsche con entusiasmo.

— Solo les pido que se comporten, no pido más -insistió el camarero severamente.

— Nos comportaremos como toca, no te preocupes. -A Nietzsche le había cambiado la cara; ahora sonreía, lo que preocupaba más al camarero.

— Eso, incluso ayudaremos si lo necesitas- añadió Platón.

Al camarero no le convencieron mucho esas respuestas, pero se conformó.

En un rato llegó allí el grupo de autoayuda y se sentaron en círculo. El camarero se sentó en el círculo e invitó a Platón y Nietzsche a quedarse de observadores para contemplar la terapia. A continuación, los presentó al resto del grupo como dos conocidos que no recuerdan de qué residencia provienen:

— Ayúdenme, si saben de algún familiar que haya denunciado su falta o lo que sea, por favor, llévenlos con él, porque aquí no se pueden quedar indefinidamente y requieren de muchos cuidados -dijo en tono de ruego.

Entonces empezó la terapia: abrazos, llantos y más abrazos que se repetían a modo de ritual. El *coach* les decía:

— Los problemas no nos afectan. Lo importante es no dejarnos afectar por lo que suceda.

Como en todas las terapias, se trataba de coger conceptos del estoicismo, simplificarlos y llevarlos al extremo. Lógicamente, no afirmaban, como Séneca, "que si se nos muere un hijo, no debemos mostrar el dolor", pero sí proclaman la dictadura de la felicidad y la sonrisa, la negación del dolor.

Nietzsche miraba asombrado aquella especie de secta:

— ¡LA MUERTE! -gritaba como si estuviese vislumbrando un espectro-. Veo muerte, dolor y pena en todos vosotros.

— ¿Qué está diciendo? -pregunto alterado el *coach*.

— Digo que todos estos cadáveres están enfermos y usted es la causa, les vende pura negación. Su "filosofía" es como un muro contra el que estamparse una y otra vez.

Nietzsche empezó con un tono irónico a burlarse del *coach*:

— Me han echado del trabajo... No reconozco mis fallos, no me fortalezco... Me limito a sonreír como un estúpido, como si nada pasase, creyendo que la sonrisa funciona como un "abracadabra". ¡Negar los hechos no es la solución!

— ¿Y qué propone usted? -le dijo el *coach* retándolo.

— Propongo que asumamos el dolor, que nos sirva para enfrentarnos a la vida, que lo vivamos como parte de la vida que es. Si siempre lo negamos, no aguantaremos ni la mínima brisa de viento. Pero claro... a usted eso le iría genial, ¿no? Les vende una idea de felicidad eterna que no existe y una meta fantasmagórica... ¿Cree que negando toda sensación van a ser felices? La felicidad constante no existe, existe el remolino de cambios.

— Esta gente está perdida, necesita un guía en su vida, las penas les dominan. Yo solo les ayudo a sobrellevarlas.

Platón, por el contrario, se unió. Parecía gustarle su filosofía y creyó que sus enseñanzas podrían servir a ese rebaño de guía. Empezó a contarles el *mito de la caverna* y después se presentó como salvador. Decidido, les expuso el intelectualismo moral de Sócrates:

— Conocer el bien, la verdad, lo justo, supone ya desearlo. Sin embargo, para llevarlo a la práctica hace falta que bajemos y los expongamos a quiénes no lo conocen. Sin embargo, ¿qué es la felicidad?, ¿por qué sois infelices?

Uno de ellos respondió:

— Yo no soy feliz, ni siquiera puedo comprarme un buen coche.

Otro se animó a participar y añadió:

— Mi trabajo es genial, pero no cobro lo suficiente como para comprar esos muebles que expresan tanto mi personalidad.

Un tercero gritó:

— Yo solo quiero un poco más de lujo, de placer...

Pero el *coach* les dijo tratando de apaciguar todo aquél barullo:

— La felicidad no depende de lo que podemos tener, sino de la actitud que pongamos para conseguirlo -esto se repetía constantemente a modo de mantra.

Así es, es lo que necesitaban oír: que pese a lo negativo, una actitud positiva curaba todo. Eran el rebaño perfecto, esas píldoras actuaban a modo de droga intravenosa. Entonces el *coach* cogió la servilleta y les dijo, mostrándosela:

— ¿Veis? Si te sientes exitoso, conseguirás el éxito.

— Mis cojones -dijo Nietzsche con una actitud chulesca. Si te sientes exitoso, pero no te levantas del sofá, el éxito no vendrá solo. Si no haces nada, por más que tu actitud sea buena, no conseguirás nada. Pelea, esa es la única solución.

Entonces tiró un vaso de cristal al suelo y les miro desafiante y buscando camorra:

— Vamos, ¿quién va a ser el primero?

Uno de ellos se abalanzó sobre él:

— No puedo más, es usted insufrible -dijo dándole un buen golpe.

Nietzsche le devolvió el golpe con tal fuerza que lo tumbó, pero le ayudó a levantarse —. ¿Mucho mejor? -dijo tendiéndole amablemente la mano.

Al levantarle lo volvió a tumbar.

— Vamos, siente cómo corre el dolor por ti, no lo niegues, no es malo. ¿Quién más? -dijo girándose hacia el círculo.

Platón se interpuso entre Nietzsche y el grupo y soltó un pequeño discurso moralista en un tono altivo:

— ¡No! No podéis encontrar la felicidad en unos muebles o un coche de esos más grande... Eso es insustancial, lo material no nos da la felicidad. El éxito no es lo que uno exterioriza, sino lo que siente... Sin embargo, sí que podéis encontrarla siguiendo el camino de la razón. Una vida feliz es la que se basa en la razón, conoce y realiza el bien. No necesita riquezas, ni coches de esos que decís... Solo conocer y practicar aquello verdadero. Ese es el problema. La felicidad es no turbarse por los sentidos, no alterarse por las pasiones, es buscar el recto camino de la razón y realizar lo que ella nos dice, lo auténtico, lo bueno. Actuar siempre acorde a ello. Porque una vez conocido, es lo que queremos.

— Perdone, no sé qué habrá estudiado usted, pero creo que no es *coach* y no está preparado para animar a este grupo -interrumpió altivamente el *coach*.

— ¿Me toma el pelo? Usted solo les evade de sus penurias diciéndoles que la felicidad depende de lo mucho que uno desee las cosas. Les da esperanzas sin fundamentos... No les guía a la verdadera felicidad. ¡Es usted un timo!

— ¡Un timo, eso es! -exclamó Nietzsche sumándose al follón.

— Óiganme. La solución no es llorar, deben luchar por su felicidad, pero por la auténtica felicidad, que no es sino conseguir lo bueno, ¡el bien! Solo si conocemos el bien y podemos encontrar los medios para llevarlo a cabo podremos ser felices los humanos. Todos nos realizaremos al máximo, el bien se dará en la tierra...

Nietzsche susurró:

— Ya está, tenía que cagarla... Joder, es el mayor pastor de rebaños que hay... -mientras su cara se iba enrojeciendo.

El grupo de autoayuda empezó a prestar atención a Platón. Por un momento parecía que la filosofía retomaba importancia para la vida, se le devolvía a los griegos su papel, el papel que se les había usurpado tanto tiempo por charlatanes y plagiadores: ayudar en la praxis.

El *coach* empezó a preguntar por la teoría de Platón:

— ¿Qué es el bien?

— El bien no es sino lo que es bueno en sí. Solo si lo conocemos mediante la práctica de la razón, lo comprenderemos -dijo Platón con seguridad-. Entonces lo desearemos y podremos llevar a la práctica. Porque conocer lo bueno es desear que se cumpla. Ahora bien, nuestra alma se divide en tres partes y cada una tiene una virtud. —Entonces Platón expuso su teoría gesticulando con los brazos—:Racional: Virtud de conocer lo bueno, las ideas, lo auténtico -dijo mirando a un pequeño grupo de gente—. Irascible: Virtud de fortaleza, del esfuerzo físico -prosiguió observando a otro grupo de personas bastante musculadas—. Apetitiva: Virtud de la moderación, de no dejarse dominar por los placeres -dijo observando al resto de los presentes. Platón parecía incluso estar haciendo planes de agrupar a todas esas personas para formar su propia ciudad según sus virtudes. Incluso se frotaba impacientemente las manos mientras les miraba—.Sin embargo -añadió-, deben entrenarse estas tres partes del alma mediante la razón. La razón es como un auriga, que domina el resto de partes del alma para que el ser humano pueda realizarse. Solo con la armonía de las tres el ser humano actúa bien, conoce lo mejor y lo realiza... Y esto le hace feliz.

El *coach* preguntó:

— Entonces, ¿la base de las virtudes es la razón y ella nos conduce al bien para nosotros mismos y, por tanto, a la felicidad? ¿No es eso lo que digo yo?

— No, usted no les ayuda a realizar sus virtudes, solo les evade diciendo que si cambian de actitud y tienen una actitud despreocupada, acompañada de una sonrisa, conseguirán esos bienes que desean, esa visión errónea de felicidad material. Pero no le culpo, parece que no conoce usted la idea de bien. Sin embargo, mi teoría no acaba aquí, escuchen. Cada uno posee una parte más dominante que la otra, de modo que lo mejor para la humanidad es que cada uno entrenase la virtud de la parte que domina en él. Así, si su virtud es la fortaleza, hágase guerrero; si es la sabiduría, hágase gobernante, y si es la moderación, hágase artesano.

— ¡Eso que dice es clasista! -exclamó el *coach* tratando de desacreditar a Platón

— No, escuchen. Si cada uno aporta lo que mejor puede hacer, el bien será llevado a cabo en la ciudad. Como ustedes lo sabrán y desearán el bien, su deseo se hará realidad, su realización será la máxima... -profetizó Platón como si de un mesías se tratara.

Entonces Platón miró a su alrededor y vio que nadie tomaba nota de aquellas afirmaciones tan reveladoras. En tono más bien imperativo comentó:

— Queridos alumnos, ¿nadie está anotando esto que estoy diciendo? Es esencial que toméis nota para dejar constancia a esta extraña civilización de mis escritos. -Acercó un blog de notas a la alumna más cercana y se decidió a proseguir.

Pero cuando apenas había retomado su discurso, un alumno, confundido, preguntó:

— Entonces, ¿qué debemos hacer, Platón?

— Empezar a usar la razón para encontrar lo mejor, lo auténtico, lo bueno. Pensad, sed moderados ante los placeres, no dejéis que os turben la razón. Ante el dolor, la razón os ayudará a sobrellevarlo y ante los problemas o los enemigos, la reflexión nos guiará a actuar valientemente, sabiamente, pero sin dejarnos dominar por los sentimientos ni ser temerarios. Y lo más importante, la sabiduría nos ayudará a conocer lo bueno en todo caso. Si eso guía nuestros actos, seremos felices, porque conociendo lo bueno, lo realizaremos y eso nos bastará para sentirnos felices.

Un alumno preguntó:

— Pero Platón... Yo utilizo la razón para encontrar la virtud en cada acto, yo conozco que lo bueno es ayudar a la gente para que se puedan realizar al máximo, para que pueda haber una buena sociedad basada en el bien... Sin embargo, yo le enseñé a mi compañero todo lo que sabía para que la empresa funcionase bien, y en lugar de aprovecharlo para su buen funcionamiento, ocupó mi lugar, me echó a la calle y me quedé deprimido...

— Bueno, la empresa funciona y aporta algo a la sociedad para que funcione bien, ¿no?

El alumno, confundido:

— Sí, pero yo pasé a no tener nada. Sufro necesidades materiales –respondió el alumno, lloroso y con un tono amargo.

— El bien es más importante que lo material -sentenció Platón.

Al alumno no le convenció mucho su respuesta y preguntó:

— Pero Platón, ¿no se supone que si conocemos el bien deberíamos actuar bien? Entonces, ¿por qué me hizo tanto daño?

— Nadie actúa mal a sabiendas. No creo que fuese consciente de que actuaba mal; si no, no lo habría hecho, porque conocer el bien, es querer el bien, querido amigo. No te deprimas, tu sabiduría te hará feliz, tus acciones basadas en lo racional te llevarán a la felicidad. Solo necesitas entrenar tu razonamiento.

El alumno seguía sin estar convencido:

— Pero no me llevó a la felicidad tratar de hacer el bien...

— Porque no entiendes todavía el concepto de bien; si no, serías feliz. Si actúas conforme a dicho concepto, no te importaría lo material sino si la sociedad se realiza, si tus actos son buenos, si tu virtud se lleva a cabo... La sabiduría es la mayor realización del ser humano. Si la alcanzas y la llevas a cabo, serás feliz.

Nietzsche ya estaba harto de todo esto, se metió en medio del círculo de autoayuda y gritó:

— ¡¡BASTA YA!! No soporto tanta debilidad... No podéis basar vuestra felicidad en una idea de bien que no existe, ni tampoco en aquello que os impone esta sociedad, como tener mucho dinero, o unos muebles que os definan... ¡No! No existe un universal de felicidad ni de bien para el ser humano. Si el bien que vosotros llamáis es mentira, ¿no vale más la pena disfrutar de la vida?

— ¿Sugiere que Platón es un farsante? -le preguntó el *coach*.

— Es el rey de la farsa. No tiene suficiente fuerza como para poder vivir su vida, una vida de cambio, pasiones, dolor, lucha, movimiento... Entonces se inventó un mundo auténtico más allá de este, y dijo que este es falso... Prefirió vivir en su propio engaño. Uno necesita creer que las cosas son estables y se engaña con conceptos estables. Pero es todo un timo, una mentira, un cuento que preferimos creer como cierto, era más cómodo... NOOO de eso nada. Disfrutad, vivid. Marchaos a casa. Sexo, peleas, lucha, dolor, llanto, risa... todo ello es la vida. Pelead con aquellos que os putean y ningunean, ya mismo.

— Señor, no les está ayudando, ¡les está sumiendo en el caos! -dijo alterado el *coach* mientras señalaba al grupo de autoayuda: un grupo de gente confusa, sin ninguna idea clara. Alrededor de Nietzsche el círculo de autoayuda era más bien una masa informe de caras de susto, sorpresa, confusión e incluso había una pareja que se abrazaba y lloraba desconsoladamente.

— ¡Eso pretendo! Eso es lo único que les puede ayudar... Además, ¿qué es eso de bien y mal? Esa paz universal que queréis alcanzar, esa felicidad estable que buscáis, ese conocimiento de lo auténtico... ¡NO EXISTE! Es como eso de la lotería o los concursos de pagas para toda la vida... Una fantasía que os mantiene atontados para que no seáis conscientes del horrible mundo que hay ahí fuera... cambiante, inestable, doloroso... Nadie va a traeros dinero a palazos ni va a haceros mejorar. Tenéis que hacerlo vosotros mismos, joder.

Nietzsche se acercó al joven que había comentado antes su problema con la empresa:

— ¿Qué pasa, cobarde? ¿Tan poco te respetas que no eres capaz de autoafirmar tu vida?

— ¿Y qué quieres que haga? –respondió el joven, extrañado y encogiéndose de hombros.

Nietzsche le golpeó:

— Pelea, joder -dijo empujándole.

Platón se entrometió entre ambos, llevándose a Nietzsche a un lado:

— Ya estamos otra vez con tus arranques. Cálmate.

— Este es el camino a tu afirmación. Te he dicho que el bien no existe, te han quemado por dentro, te han robado tu puesto de trabajo. ¿Tu solución es sonreír y evadirte de ello? ¿El yoga, quizás? ¡Anda! Plántate ante el jefe y destrózale su despacho, demuéstrale cómo "gestionas" tus emociones, que vea el error que ha cometido. Después, coges a los empleados uno por uno, te los llevas a tu despacho y montas tu propia empresa... -le decía Nietzsche mientras le apartaban del círculo de gente y le sentaban en la otra punta de la sala como si se tratase de un descanso en medio de una pelea de boxeadores: la vida frente a las ilusiones, eso era.

El *coach* miraba a Nietzsche con cara de circunstancia:

— Está usted creando delincuentes, señor.

— Estoy creando superhombres, que no es lo mismo.

Entonces Nietzsche les explicó poniendo una voz solemne:

— Solo hay dos posibilidades de vida: la vida ascendente y la descendente. La vida ascendente es la del que crece, se afirma, vive su propia vida desde su propio cuerpo... La descendente es todo lo contrario, la que no tiene fuerza para vivir, afirmarse desde su cuerpo... Se miente su propia vida, se engaña pensando que su vida débil es la buena... TRANSVALORACIÓN. Los valores del aristócrata eran los de afirmarse, la moral de señores, de los que vivían su propia vida. Los que hoy llamaríais "inmorales, malvados, que hacen lo que les da la gana". Para ellos, lo bueno es lo que ellos sienten, sus pasiones, sus impulsos. No creen en una bondad universal, no se imponen unas normas... Solo viven su propia vida, desde ellos mismos. Son su propio Dios. Son superhombres.

— De eso se trata, de gestionar tu propia vida para ser feliz, eso es lo que yo decía... -afirmó el *coach* extrañado.

— No, tú afirmas una felicidad estable, una evasión del dolor, una esperanza de que todo irá bien para paliar el dolor en lugar de fomentar la lucha por afirmarse uno mismo -replicó Nietzsche.

— Bueno, entonces el fuerte satisface sus impulsos sin más. ¿Y el débil? -preguntó el *coach*.

— Ese es el peor. Ese es Platón, ese eres tú... Se trata de aquel que no puede asumir la vida e inventa que su modo débil de vivir es bueno, que la pasividad y la falta de lucha son mejores que la vida y por eso niegan la vida y creen afirmarse con otros valores, ideales ascéticos, más allá de lo vital... Aves de rapiña, eso es lo que son, que se aprovechan de los débiles para hacer su verdad "universal" para imponerla -dijo Nietzsche acaloradamente, extendiendo sus brazos tratando de imitar un ave de rapiña.

— Pero ese más allá es lo auténtico. ¿No querrás decir que la razón les lleva a la vida auténtica? -dijo Platón.

— No juegues conmigo, no me hagas la estúpida mayéutica -respondió Nietzsche en tono amenazante-. No quiero decir eso, quiero decir que se autoengañan en lugar de autoayudarse, persiguen la "vida ascética" porque no tienen fuerzas para luchar por la "real". Pero hay algo aún más perverso que los débiles: los aprovechados como tú -dijo señalando a Platón-, o tú -dijo señalando al *coach*-. Resentidos que cambian los valores, lo que antes era bueno, la vida misma, los impulsos. Lo convierten en malo y viceversa: la represión, la pasividad... lo convierten en bueno. ¡Pero además, lo imponen! -exclamó echándose las manos a la cabeza.

— ¿Lo imponen? ¿No crees que realmente lo que hacen es...? -dijo Platón

— Déjame hablar, estoy hablando yo ahora -interrumpió Nietzsche-. ¡No acapares protagonismo! Lo imponen, porque si no fuese así, no podrían fingir que su mundo es el auténtico; el mundo real se les rebelaría cuando los fuertes se afirmasen. Si creamos una verdad, una moral... estable, universal... debe imponerse; de lo contrario, dejaría de ser universal. Solución: negar la vida, imponer el ideal deseado de pasividad y hacer de todo el que se autoafirme alguien malvado. Cuantos más seguidores tengan, más fácil será convertir el mundo verdadero en fábula y el inventado, donde se sienten cómodos, en realidad. Se trata de una inquisición del débil, un resentimiento con la vida y los fuertes que se vuelve venganza.

El *coach* estaba decepcionado por la revelación de Nietzsche, pero a la vez veía en él una posibilidad de ayudar a la gente a desahogar sus penas. Le sugirió que le echara una mano para ayudar a la gente, pero Nietzsche se indignó:

— ¡Ave de rapiña! Se aprovecha de la debilidad de esta gente para hacer grandes sus ideas; y sus bolsillos, por lo que veo... -acusó Nietzsche volviéndole los bolsillos del revés de un movimiento brusco y tirando al suelo las monedas que había en ellos—. Usted es peor que ellos, es el enfermo que enferma al resto para hacer "grande" su debilidad –prosiguió tan alterado que de su boca escapaban pequeños salivazos cuando hablaba-. Hacer real su mundo de fantasía aprovechando que los demás son débiles para vivir en esto...

El resto de personas que había allí no tenían tan claro lo que era el *coach*, si un timador o un guía. Pero poco a poco parecía que a ese *coach* le interesaba más el dinero que ayudarles, y era cierto... Les cobraba mucho dinero a cambio de darles falsas esperanzas, decirles que sonrieran y desearan con fuerza, y todo se cumpliría. Eran pequeñas píldoras que utilizaba como calmantes momentáneos y ellos se habían dado cuenta; necesitaban algo más que eso. Entonces, uno de ellos miró a Nietzsche y le pidió que fuese su *coach* personal, le abrazó, le suplicó su ayuda. Otro pensó que Platón les ayudaría mejor a sobrellevar el dolor, a descubrir la verdadera felicidad...

— Propongo que elijamos nuevo *coach*, o Platón o Nietzsche. Votemos –dijo un entusiasta. Todos aplaudieron la propuesta.

El *coach* no soportaba más este sermón ni la competencia que le estaban haciendo estos dos sabios. Miró al camarero y le dijo:

— ¡Despídete de hacer las reuniones en tu bar! Y de las servilletas de autoayuda y por supuesto, de la comisión por dejarnos este antro y de las monedas que se dejan mis clientes en tus refrescos revenidos y *calentuchos*.

Después se giró hacia su grupo y, esperando que aplaudiesen su propuesta como fieles "seguidores", gritó :

— Vámonos de aquí, aquí no somos bien recibidos.

El camarero, que apreciaba mucho a su *coach* y a la clientela que le llevaba, dijo:

— Esperad, no os vayáis. —De hecho, solo se fue el *coach*, el resto hicieron caso omiso y se quedaron deba-tiendo quién debía ser su nuevo *coach*, si Platón —tranqui-lidad y un camino seguro que les ayudaría a sobrellevar el dolor mediante la moderación— o Nietzsche —un camino de lucha por la afirmación, de enfrentarse al dolor...

Pero sin el *coach*, el camarero perdía el dinero, las ser-villetas gratis... Así que no le interesaba continuar las re-uniones... De modo que echó a todos de allí a empujones.

12. PLATÓN Y NIETZSCHE
SE VAN DE FIESTA

El sobrino del camarero entró en el bar. Era un joven alocado, con aire desenfadado y un poco *heavy*:

— Tío, ¿qué pasa? ¿Por qué salen todos de aquí en manada en lugar de entrar? He visto un grupo de gente a lo lejos que parecían salir de este bar, y bastante enfadada.

— Esa gente... -dijo el camarero, señalando a Platón y Nietzsche en una esquina de la barra con un tono lastimero y tartamudeando.

— ¿Qué pasa, tío? -preguntó preocupado.

— Mira estos dos... -dijo el camarero tratando de acabar la frase-. Se han apalancado en el bar y me espantan a toda la clientela. Son una pesadilla. ¡Ya no puedo más!

El joven miró a su alrededor y los vio a ambos en un rincón: Nietzsche retocándose el bigote y mirándose en los sucios espejos de detrás de la barra desde su taburete, y Platón observando su amadísima bombilla de nuevo mientras meditaba.

— ¡Qué panorama! -dijo el joven dando un silbido.

— Sí. Nada más pueda les abandono en una gasolinera o algo, me dan igual las consecuencias ya.

— No puedes hacer eso, míralos. Si están necesitados de cuidados, medicinas... -dijo el sobrino tratando de suavizar la situación.

— Me están sacando de quicio, de verdad. Como sigan aquí, acabaré tan loco como ellos.

El joven sobrino fue a relacionarse con ambos, sentía curiosidad. Llegó allí y se presentó:

— Hola, yo soy el sobrino de Pepe, el camarero. Me llamo Miguel, espero que estén bien atendidos.

— Yo soy Friedrich Nietzsche y este –añadió con un tono de desprecio- es Platón.

— Oye, que tengo un nombre. ¡Me llamo Arístocles! -exclamó Platón.

— Bueno, Nietzsche y Platón, encantado.

— Eso, tú a la tuya... -refunfuñó Platón—. En fin... Y bueno, oye, ¿te he hablado del mito de la ca...? -Nietzsche le tapó la boca a Platón

— Estamos bien atendidos, pero un poco aburridos. ¿Dónde se puede escuchar buena música? Un poco de Beethoven, Mozart... Ya sabes... –dijo Nietzsche.

— No sé quiénes son esos DJ's, pero conozco un sitio donde hacen conciertos. Bueno, tributos, más bien, porque la música original murió hace años. Hoy irá Marilyn Manson, ¿les gustaría ir?

— Sí, claro -aceptó Nietzsche sin dudarlo-. Pero ¿cómo que la música original murió, chaval?

— Yo solo escucho la música si es buena -dijo Platón un tanto negativo.

— Te lo garantizo, Platón, os encantará -dijo Miguel dándole una fuerte palmada en la espalda.

El camarero se acercó a su sobrino y le comentó que tal vez no era buena idea llevárselos de fiesta: aparte de que son unos aguafiestas, te tocará cuidar de ellos como si fuesen críos. Te arrepentirás.

Platón y Nietzsche pasaron el resto del día en el bar, con el camarero. A Platón parecía que no le habían sentado muy bien esas patatas rancias que había tomado la noche anterior y le preguntó al camarero por los baños públicos. El camarero, que no entendió bien la pregunta, le señaló los baños. Cuando el filósofo vio la maravilla de los baños modernos llamó a Nietzsche:

— ¡Mira, Nietzsche! ¿Qué maravilla es esta?

— Tú siéntate y haz tus necesidades –le respondió Nietzsche, riéndose.

— ¿Cómo? ¿No te quedas? En mi época, cuando íbamos a defecar aprovechábamos para charlar un rato. ¿No eres tú el del amor a la vida y lo corporal? Pues quédate a charlar conmigo.

Nietzsche no estaba muy conforme con el hecho de que ver a alguien cagar fuese admirar lo corporal; simplemente era una necesidad más. Además, tal y como le dijo a Platón, "no tenía interés alguno en observar la podredumbre que creaba en la humanidad la voluntad de poder débil, ni cómo su resentimiento contra la vida se escenificaba bajo esa masa amorfa".

Un señor que acababa de entrar en el bar entró en el baño y vio la escena de Platón allí, "meditando". Nada más verle, Platón trató de entablar conversación:

— ¿Cómo se encuentra usted? ¿Le parece que nos sentemos a conversar mientras?

El señor lo miró asqueado y cerró de un portazo, pero de nada sirvió. Platón volvió a abrir la puerta e insistió.

— ¿Qué opina usted de la moral actual?

— Creo que no existe para algunos. Tápese, haga el favor. Qué asco –dijo el señor enfadado

A continuación, Platón se presentó y le cogió la mano. El señor, irritado, salió y se marchó sin consumir nada y con cara de asco. Al camarero apenas le dio tiempo a reaccionar.

El camarero entró en el baño y se encontró la escena. Entonces, levantó a Platón y le dijo:

— Oiga, aquí a nadie le interesan sus defecaciones, así que la próxima vez cierre la puñetera puerta.

Platón se levantó y el camarero tiró de la cadena al ver que Platón no pensaba hacerlo. Platón alucinaba, se quedó viendo el espectáculo que eso suponía para él. Al salir, se limpió sus partes con las toallas para las manos.

— ¿Qué hace? –exclamo horrorizado el camarero.

— En algo me tendré que limpiar -respondió inocentemente Platón.

Nietzsche estaba escuchando la discusión desde fuera y entró riéndose a carcajadas en el baño.

— Además, ¿es que todo lo que hacéis, hasta ir al baño, hay que debatirlo? -dijo el camarero, alterado y con su paciencia agotándose.

— ¿Quieres que te enseñe cómo filosofamos? -dijo Nietzsche en tono amenazante.

— ¡No! No te voy a dejar destrozar mi bar de nuevo -dijo el camarero tomando la escoba a modo de arma y arrinconando a Nietzsche.

— Bah... -Nietzsche apartó la escoba y siguió su camino hacia la barra del bar mientras hablaba solo-. Temed a la filosofía, porque destrozará vuestras ideas, porque será el ocaso de los ídolos...

De nuevo entró Miguel por la puerta, había venido a buscar a los filósofos:

— ¿No pensarán venir con esas pintas, verdad? -dijo mirándoles de arriba a abajo.

— ¿Qué pasa? -preguntó Platón-. Yo lo veo bien.

— No, no, vayan a arreglarse un poco. Esperen, en mi maletero tengo algo de ropa de la fiesta de ayer.

Cogió la ropa de su maletero y se la llevó a Platón y Nietzsche. ¿Os imagináis a ambos vestidos con pantalones de cuero y camisetas de calaveras? Pues Miguel sí se lo imaginaba, es una imagen que ya no podría borrar de su mente. Lo cierto es que la ropa les iba tan ceñida que no dejaba nada a la imaginación.

Platón se miró y comentó su aspecto:

— No me gusta esta ropa, prefiero ir con mi túnica. Esto es incómodo y voy marcando todo mi cuerpo. No quiero incitar las pasiones de nadie.

— Tranquilo -dijo Nietzsche-, no lo harás. Para eso estoy yo -comentó mientras se arreglaba el cinturón y le guiñaba un ojo-. Lo cierto es que me queda bastante bien, y es casi como ir desnudo, afirmo mi cuerpo.

— Por favor, no sé si no iban mejor con las batas esas que llevaban - dijo el camarero riéndose de las pintas de ambos filósofos.

— Bien, ahora ya pueden subir al coche -dijo Miguel, señalando su coche aparcado en la puerta. Era un coche normal, pero ambos quedaron asombrados al verlo.

— ¿Qué es eso? Es como un carro, pero... ¿sin caballos? -dijo Nietzsche boquiabierto.

— Sí, más o menos. Con esto vas velozmente donde te apetezca.

— ¿Y puedes volver al pasado?

— No, claro que no -respondió Miguel extrañado por su pregunta.

— Yo ahí no voy a subir, que no me fío -dijo Platón un poco asustado y alejándose con cuidado.

— Vamos, no sean así, les gustará -respondió Miguel mientras les abría las puertas.

Subieron al coche, Platón y Nietzsche empezaron a mirar la calle. Estaba llena de coches de esos, era asombroso para ambos.

Platón iba atemorizado sobre el coche, mientras Nietzsche asomaba la cabeza por la ventana mientras hablaba con Platón:

— Mira, observa el mundo, cómo cambia constantemente. Lo que hace unos años creíamos que era progreso, será superado por nuevas formas.

— ¿Qué dices? Esto no es progreso, no es tan seguro como el caballo, ni como andar... No me gusta... Y me estoy mareando -dijo Platón.

— ¡Los que inventaron esto son creadores de formas nuevas que dejan atrás los prejuicios y dan lugar a un mundo nuevo!

— No sabía que admiraba usted a los ingenieros... -dijo Miguel sintiendo curiosidad por los motivos que hacían al filósofo admirar tanto la ingeniería.

— Pero el ser humano se atrofiará, dejará de andar, de pensar, de trabajar... porque las máquinas lo harán por él. Si ya con la lectura, su memoria se ha perdido -añadió Platón entrando a la conversación.

— Pues el ser humano deberá formarse a sí mismo de nuevo, luchar -dijo Nietzsche agitando enfáticamente los puños.

— No sobrevivirá -sentenció Platón.

— No se trata de adaptarse al mundo, NO, se trata de adaptar el mundo a uno mismo para afirmarse... Sus creaciones son modos de afirmarse... Pero si se queda en el pasado, se ancla en las costumbres, en la pasividad... será un animal más que se adapta, que no lucha por sí mismo.

— Ya, pero, por ejemplo, con tantos ordenadores, ya nadie sabe escribir correctamente porque se les ha olvidado.

—En ese sentido, tiene algo de razón Platón, joder -dijo Miguel.

— ¡Nadie te ha dado coba a ti! Además, esa gente no lucha por vivir, se acopla a la pasividad, la comodidad...

Pasan su existencia como una planta. En lugar de crear, de afirmarse, de crecer conforme crece el mundo, se acomodan a él. Darwin decía que el ser humano sobrevive por adaptarse. Yo digo que es lo contrario, sobrevive porque adapta el mundo a él, crea... APRENDE -dijo dándole una colleja a Miguel.

— Bah, eso no es sobrevivir, es tirar abajo la cultura, la tradición, la razón... No piensan, se acomodan, no leen a los grandes, no hacen nada...

— En lo de que se acomodan, te doy la razón, se adaptan cual cactus. Pero en lo de la tradición y la cultura, no. Hay que destruir la cultura del débil, de los universales, para dar paso a la vida, a la autoafirmación de uno mismo. Destruir a Dios para crear nuestros propios valores, afirmar nuestra vida. ¡De eso se trata! -dijo Nietzsche convencido.

— Bueno, basta de cháchara y que empiece la fiesta. Hemos llegado. Aún queda para el concierto, pero iremos al botellón con unos colegas primero.

Nietzsche abrió la ventanilla y bajó. Platón bajo por la puerta imitando a Miguel. Miguel, viendo los esfuerzos de Nietzsche por bajar por la ventana, le dijo que se bajaba por la puerta. Nietzsche le miró y dijo:

— Ni se te ocurra ayudarme, déjame que me autoafirme como quiera. Si me da la gana bajo por la ventanilla, porque no soy como los demás. ¿ME ESCUCHAS, OVEJA DE REBAÑO?

Miguel miró a Platón y le preguntó:

— ¿Este hombre es siempre así de testarudo?

Platón asintió con la cabeza con resignación y añadió:

— Sigue en la cueva. Verás, en el mito de la caverna...

Nietzsche bajó de golpe finalmente, se cogió a Platón y dijo:

— Nada de mitos, nada de falacias -empezó a andar hacia el gentío.

— Venga, ¡vámonos de bureo ya! –exclamó Nietzsche, adelantándose a ambos.

Nada más acercarse un poco al gentío observó que todo el mundo iba vestido oscuro, con la cara blanca, maquillajes extraños...

— Si ya lo decía aquel gran genio: la realidad, un baile de máscaras.

— Buena frase, ¿quién lo decía? - preguntó Miguel interesado.

— Yo -dijo Nietzsche señalándose a sí mismo orgulloso.

— ¿Y qué significa? -quiso saber Miguel.

— Mira como cubren sus rostros, tapan la realidad, le ponen el velo a lo auténtico y lo real. La vida es como un libro de ficción, todos se ponen un velo, se etiquetan como algo estable, se ponen la máscara de "la verdad", un yo siempre fiel a sí mismo... Pero eso no existe -explicó magistralmente Nietzsche.

Un desconocido se acercó con cara de pocos amigos:

— Eh, ambiguo lo serás tú, mira qué pintas me llevas. Yo soy *heavy* y punto, siempre lo he sido y lo seré, es mi identidad, mi vida -al parecer había malinterpretado el discurso nietzscheano y se había tomado la metáfora de las máscaras demasiado a pecho.

— El yo es una ilusión. No existe, muchacho -le respondió Nietzsche.

—Pero ¿qué me estas contando? –dijo el joven sin entender nada.

— Pues eso, tú no eres el mismo antes, ayer, hoy, mañana... A cada segundo cambiamos... Pero nos engañamos con una apariencia de estabilidad. Fingimos ser quienes no somos, ser un tipo de ser humano estable que no existe. Si hoy te apetece vestir así, muy bien, pero no finjas que todos los días eres así; no finjas ser, porque el ser como estable no existe.

El desconocido empezó a mosquearse y levantando un puño con actitud amenazante, preguntó:

— ¿Cómo que fingimos ser quien no somos? Me está cabreando ya...

— Que tú realmente no eres algo fijo, eres engaño bajo tu apariencia, cambio...

El desconocido le agarró, lo cogió de ambos hombros y lo levantó, pero Miguel, que se había desplazado a hablar con unos amigos y vio la situación peligrosa, se acercó:

— Hombre, Tomás, ¿qué tal? Tranqui tío, es mi colega.

— ¿Este viejo es tu colega? -dijo soltando a Nietzsche.

— Sí, él es Nietzsche, y él –añadió señalando a Platón, que se había quedado a un lado evitando pelea- es Platón.

— Que manía de llamarme por el apodo -refunfuñó Platón.

Entonces se sumergieron en la confusa masa del botellón. Todos empezaron a formar grupillos y a beber. Una joven se acercó a saludar a su amigo Miguel y les preguntó si querían un trago.

— Ya te arrepentirás de esa pregunta... -dijo Miguel riendo.

— ¿Beber? Eso es de ignorantes. No bebo porque quiero alcanzar la verdad, el mundo de las ideas solo será accesible para el casto, el que no apela a lo corporal ni a los vicios.

— ¿Así que te van más las pastis? Ya sé lo que necesitas para alcanzar el otro mundo - dijo ella sonriendo-. No te hacía de esos.

— ¿Ah, si? ¿Hay algo que me ayuda a eliminar los sentidos y llegar a la razón absoluta?

Nietzsche, mientras tanto, se reía observando la situación.

— Mira, ¿tú has visto *Matrix*? -dijo ella.

— No, ¿qué es eso? -preguntó Platón.

— Bueno, la cuestión es -dijo ella ignorando la pregunta- que hay una pastilla que te lleva al mundo auténtico, el real. Otra, sin embargo, te lleva a un mundo fingido, pero q la gente está tan acostumbrada que cree que es el real. Vamos, como nuestra sociedad. Si usas la pastilla que toca, llegarás a lo auténtico. Pero a veces es muy difícil darse cuenta de que nuestro mundo no es el real, a Neo le costó mucho verlo. Lo cierto es que las Wachowski son unos genios, qué bien lo describieron.

— ¿Quién? Esa idea es mía, ¿cómo han osado robármela?

— ¿Cómo? ¿Que tu inventaste Matrix? -dijo ella soltando una carcajada que le hizo escupir parte de su cubata.

— Matrix no, habla con propiedad, *¡El mundo de las ideas!* La división entre el mundo real e inteligible y el de los sentidos.

— ¡Aaaah! ¡Ya! Bueno, lo que tú digas... -dijo ella, dándole la razón como si de un loco se tratase-. ¿Te apetece una pastilla de esas, o una cerveza?

— ¡Que he dicho que no! ¿Qué es lo que no entiendes? Al mundo de las ideas no se puede llegar nunca con eso. Solo podrás llegar si llevas un estilo de vida sano, alejado de las pasiones, los vicios...

— Ya, bueno... Bienaventurados los castos, o castrados, porque de ellos será el reino de los cielos...

—Yo prefiero vivir este reino -interrumpió Nietzsche, tratando de acercarse a la joven.

— Entonces, ¿te apetece un trago, Nietzsche? -preguntó ella.

— Quiero embriagarme de la vida, de las pasiones, de las sensaciones del cuerpo... - dijo Nietzsche alardeando de su voluntad de poder fuerte y tomando directamente un trago de la botella que llevaba ella en la otra mano. Tras dicho trago, empezó a toser y se la devolvió.

— Veo que vas fuerte. ¿Otro? -le retó ella acercándole la botella de nuevo.

— No, quiero embriagarme de la vida, no evadirme. Una cosa es despertar los sentidos y otra bien distinta es que te dominen hasta tal punto que ni te enteres de la vida -excusó Nietzsche, apartando de sí la botella.

En poco tiempo empezó el concierto de tributo a Marilyn Manson. El grupo era fantástico y el tipo era muy parecido a Marilyn. Incluso había rumores de que pudiese ser él, que había tomado leche de cabra mezclada con sangre y esto le había hecho durar más que otros seres humanos hasta el momento. Sea lo que fuere, todo el mundo parecía divertirse con el espectáculo. Todos estaban saltando, enloquecidos con la música inicial. Nietzsche, entre la multitud, también saltaba y gritaba:

— Esto es el frenesí de la vida. ¡Mira cómo la gente toma contacto con los impulsos, cómo baila!

Marilyn Manson, en una de sus letras, cantaba sobre la religión: "Me despojo de mi piel para alimentar la falsedad". Era una metáfora fantástica sobre aquello que criticaba el autor, coincidían en su forma de ver la religión; Nietzsche pensaba: «Ostras, es como cuando yo afirmo que dan su vida en nombre de otra falsa. Este hombre ha leído sobre mí, seguro». Poco a poco empezó a pensar que hablaba sobre él; es más, sus *performances* le recordaban a su teoría: «La importancia del cuerpo, del dolor, de lo vital, está ahí presente». Sobre el escenario había una piñata de la que al romperla aparecían órganos, como tripas, riñones... Representaba de modo fantástico lo que Nietzsche pensaba: la necesidad hacer caso a lo corporal, destapar las tripas de los impulsos. Entonces empezó a tirarlos al público. Era como una alabanza a la vida a través de un frenesí de diferentes partes de nuestro organismo. El cuerpo se rendía culto a sí mismo.

Nietzsche empezó a tirarle las partes de órganos a Platón mientras le decía que hacía falta restregarse con el cuerpo, sentirlo, acariciarlo, ser junto a él. Pero Platón solamente pensaba en la forma de salir de eso que para él suponía una pesadilla.

— ¡Sois unos bárbaros! —gritaba Platón en medio de la muchedumbre.

Para Platón, tal tipo de culto al cuerpo era algo obsceno y degenerado. Es más, la música estaba enloqueciendo a la gente, o eso pensaba. Se acercó a Miguel y le dijo:

— ¡La música les posee! No son personas, se vuelven esclavos del ritmo, no pueden controlar las pasiones que esta música les incita ¡Debemos pararla! La música, si no imita una armonía, una idea de belleza, no puede traer nada bueno... Míralo -dijo zarandeando a Miguel, que se encontraba a su lado.

— Cálmate, Platón. Vívela, siéntela, eso es todo -intentó tranquilizarle Miguel.

— ¡Nooo! Es una barbarie, son como animales, cualquier arte que no trate de imitar la idea verdadera de belleza, de bien, la perfección, no puede ser admirado.

Nietzsche seguía disfrutando:

— La tragedia griega era genial –le decía a Platón- porque aceptaba el dolor, el sufrimiento, e incluso promovía que los héroes sufrían y eso les hacía fuertes. Se alababa a lo corporal en todos los sentidos. Gente como tú, que negáis el placer, lo corporal y el sufrimiento como "malvado", habéis hecho más daño que este hombre, que trata de llevar a la gente lo dionisíaco, placer, sexualidad, lo corporal, e incluso el dolor como positivo, una fuente de lucha para afirmarse.

— Mira, lo único positivo que puede tener la tragedia griega es la capacidad para enseñar mediante metáforas. Punto. Pero a veces el coro se pierde entre tantas emociones y pasiones -dijo Platón gritando, tratando de debatir con Nietzsche.

— Te equivocas. Eso es lo importante de la tragedia: el alegrarse, entristecerse, aceptar el dolor como un modo de fortalecerse... Todo eso era importante, y tú lo negaste -dijo señalándole con el dedo acusador.

— Y luego están los cristianos -añadió Nietzsche-, aquellos que han transformado tu transvaloración en "el reino de los cielos", el auténtico mundo, el del piadoso, el del débil. "Bienaventurados los que sufren, porque de ellos será el reino de los cielos". Igual que tú afirmas: " Benditos los castos, los que no tienen pasiones, de ellos será el mundo de las ideas". Es el mismo perro con distinto collar.

— ¿Qué? ¿Otros que se han apropiado de mi teoría? ¿Pero cuánta gente me copia mis ideas? -preguntó Platón asombrado por su influencia a la vez que enfadado por los "plagios".

— Ha triunfado la moral débil, la tuya, solo que bajo diferentes disfraces, llámalo cristianismo, autoayuda... como quieras -dijo Nietzsche rabioso.

Entonces Miguel se entrometió y les dijo:

— Va, hombre, que estamos de concierto. Disfrutad y dejaos de teorías.

— Yo así no puedo disfrutar, mira qué barbarie. Se dejan manipular por ese hombre, que solo hace que faltar al respeto a la verdad, la razón...

— No seas aguafiestas, Platón. Cállate y vive un rato -dijo Miguel mientras trataba de disfrutar del concierto.

Marilyn Manson coincidía con Nietzsche en varios aspectos. Criticaba a la religión por negar el cuerpo y las pasiones, criticaba a las masas por no afirmar su individualidad... A Nietzsche le gustó bastante lo que escuchaba. Como hemos visto, tienen puntos en común.

Marilyn Manson se subió a una cruz de atrezo y empezó a proclamarse anticristo. El cantante hizo la explicación de cómo el hombre debería crearse a sí mismo, afirmarse pese a que le suponga ser marginado, liberarse de la moral impuesta y empezar a vivir su propia vida. "Sé tu propio Dios", gritaba. En ese momento Nietzsche no pudo evitarlo:

— ¿Cómo que Manson es el anticristo? ¡Yo soy el anticristo! –exclamó indignado.

Se puso a gritar:

— Yo soy el anticristo.

Nietzsche avanzó hacia el escenario hasta la barrera de seguridad, Manson le vio inofensivo y les pidió a los de seguridad que le dejasen subir. Se subió, le quitó el micrófono a Marilyn Manson de un arrebato y proclamó:

— Yo soy el anticristo, no este, yo soy el que destroza los dioses.

Manson quedó alucinado con el espectáculo.

— No puede ser, no he tomado tanta absenta, pero parece que esté viendo a Nietzsche. Es usted clavado al filósofo –dijo Manson a su público.

Tocándole el bigote al filósofo, prosiguió entre risas:

— Bonito bigote Si hay algún anticristo, ese es usted, usted me ha inspirado –le dijo al filósofo, siguiéndole la corriente. Nietzsche al ver a Manson de cerca, pensó: «No llevo tanto tiempo sin tomar la medicación, pero este tipo parece realmente un ser del más allá».

Sin embargo, había algo en lo que Nietzsche no estaba de acuerdo:

— El auténtico superhombre no puede hablarle a las masas, no puede tener imitadores. En el momento en que imitas a alguien, ya no te estás afirmando desde tu propio cuerpo –dijo Nietzsche mirándole a los ojos.

Indiscretamente, Manson le instó a bajar del escenario:

— Tengo que continuar mi actuación, si no te importa. La gente necesita más pasión -y le dio un ligero empujoncillo hacia las escaleras.

Platón empezó a mosquearse cada vez más:

— No, no hagáis caso, jóvenes. Os llevan por el mal camino. Todo esto de la inmoralidad, las creencias vacías, los placeres, los sentidos, ¡NOOO! -gritaba en medio de la multitud.

Platón hacía lo que podía por enseñar a la juventud el camino de la razón, pero ver cómo personas como Nietzsche o Manson les llevaban por el camino de lo corporal, le resultaba muy doloroso. Se acercó donde estaba el técnico de sonido y, con disimulo, tiró un vaso de cerveza de uno de los jóvenes que había por allí cerca sobre la mesa de sonido. La voz y los instrumentos dejaron de sonar. Había boicoteado el concierto por ser algo censurable desde su punto de vista.

Evidentemente, Platón y Nietzsche fueron echados de allí por los agentes de seguridad para evitar más altercados.

En la puerta de la salida les esperaban Miguel y sus amigos y amigas.

— Platón, has boicoteado el concierto. ¡Eres un aguafiestas! -gritó Miguel, zarandeándolo. Entonces, se giró hacia Nietzsche y señalándolo con el dedo acusador y dándole pequeños toquecitos, le dijo: — Y a ti no voy a perderte de vista, que harto me tienes ya.

— Mira, la música solo es una copia corrupta y sensible de una copia de este mundo sensible que trata de imitar una idea verdadera. ¿Qué valor va a tener una copia de una copia? Es pura corrupción -trató de justificarse Platón.

— Entonces, ¿no existe música que valga la pena para ti? -le preguntó una chica del grupo de amigos de Miguel.

— Verás -dijo Platón anunciando su explicación didáctica-, la música solo es buena si imita un orden, una idea de belleza, si posee una racionalidad. Entonces puede usarse como algo educativo, una copia corrupta por los sentidos pero que trata de imitar una idea de belleza, de racionalidad... La música que no imita lo bello, que promueve solamente impulsos, que no busca enseñar una idea de bien sino todo lo contrario, debería estar prohibida.

— ¿Cómo puedes decir eso? ¡Si lo que dice Manson es poesía pura! Es genial.

— Peor me lo pones -prosiguió Platón. Creo que los poetas deberían ser expulsados de la ciudad si no imitan una idea verdadera de modo que se comprenda. Es más, su apelación a las pasiones y sentimientos puede provocar en jóvenes ingenuos la ignorancia, el alejamiento de la razón... ¡Todos fuera, ya!

— Eres un bárbaro. Lo que tú dices es contracultural. Abolir la cultura. Además, ¿y la libertad de expresión? -interrumpió uno de los amigos de Miguel.

— No es bueno que uno vaya propagando por ahí ideas erróneas, falsas, que atacan incluso a las verdaderas. Por ejemplo, si uno dice que es más cómodo ser injusto. Esto ataca la idea de bien, la posibilidad de una sociedad buena... ¿Cómo vamos a permitirlo? Es deplorable.

— La vida sin música sería un error -sentenció Nietzsche-. Pero tú, ¿qué vas a saber de eso? Si para ti la vida es sufrimiento y prefieres tu maravilloso mundo de las ideas... -dijo Nietzsche con arrogancia.

— La música habla por ti, te ha enloquecido y turbado el pensamiento, por eso hablas con tal arrogancia -le discutió Platón.

— Bla, bla, bla... -interrumpió Nietzsche mostrando su indiferencia-. La música es esencial, revive el espíritu, nos pone en contacto con lo vital. Nos ayuda a vivir. Es más, yo escribo canciones y debo decir que quizás no haya habido otro filósofo más musical que yo.

— Nietzsche, a veces tienes delirios de grandeza, ¿eh? -dijo un joven amigo de Miguel, poniéndole la mano sobre el hombro a Nietzsche

-No tengo delirios de grandeza -respondió Nietzsche apartándole la mano de golpe-. Es que soy genial y no reconocerlo sería un sacrilegio. Escribo libros geniales, soy inteligente...

— Vamos, sí, que te quieres mucho. Entonces, ¿qué opinas de la libertad de expresión? -le preguntó el amigo de Miguel a Nietzsche.

— Opino que todo el mundo tiene que luchar por autoafirmarse como quiera. También que uno no debe imponer sus ideas para hacerse fuerte, como hicieron las dictaduras, o Platón mismo... Porque es negar al mundo su auto-afirmación, hacer al ser humano débil. Uno puede creer lo que quiera, construirse a sí mismo, expresarse... Pero eso nunca será universal y no debe imponérselo ni a él mismo, porque debe expresar sus impulsos, que cambian. Ahora pienso una cosa y la siento y la expreso, mañana siento otra y también. Eso es libertad.

— Debería ser un derecho para todos, estoy de acuerdo -dijo Miguel.

— No he dicho eso -respondió Nietzsche-. La libertad y autoafirmación uno debe ganársela luchando por ella.

— No estoy de acuerdo con lo que comentáis. La libertad puede llegar a ser perjudicial si se trata de libertad para pervertir la mente de los jóvenes, meterles ideas desca-belladas... Es bueno que uno aprenda a pensar por sí mis-mo, vale, pero siempre y cuando no se deje guiar por los impulsos... -dijo Platón.

— TÚ, CALLATE, DICTADOR. ¡TÚ QUÉ HABLAS DE PERVER-TIR MENTES!, ¿EEH? ERES EL MAYOR DE LOS PERVERTIDO-RES DE MENTES -gritó Nietzsche con un tono brusco y seco, como si buscase pelea.

— No es lo mismo pervertir que guiar. Yo guio... tú per-viertes -le corrigió Platón con un tono molesto e irritado.

— ¿Yo pervierto? Yo destruyo la dictadura que tu impu-siste -dijo Nietzsche escupiendo en los pies de Platón, como si de una maldición se tratase.

Miguel se interpuso entre ambos, llevándose un golpe, propiciado extrañamente por Platón esta vez, que parecía estar bastante cansado de las acusaciones de Nietzsche.

— Basta, vámonos a otro sitio mejor, a distraernos un rato –dijo Miguel cansado de tantas discusiones.

No tenían muy claro dónde continuar la juerga. Platón solo pensaba en marcharse de una vez de allí, pero el resto querían ir a un pub llamado El averno a pasar un rato entretenido y distraerse tomando unas copas y escuchando buena música.

13. PLATÓN Y NIETZSCHE EN EL PUB "EL AVERNO"

El averno estaba muy bien ambientado, con demonios, calaveras... y vendía absenta de la más elevada y alucinógena.

Entraron y vieron a la juventud bebiendo, escuchando música "infernal" y ebrios.

— Estos jóvenes no saben hacer nada. Mírales, siempre bebiendo, evadiéndose- dijo Nietzsche señalando a un grupillo que estaba bebiendo-. BEBEN PARA EVADIRSE -gritaba asombrado y cabreado-. BEBED, OLVIDAOS DEL MUNDO, JÓVENES MOMIAS QUE NO SABEN DISFRUTAR DE LA VIDA. -Entonces puso la mano sobre el hombro de Platón-. Ve allí, con los tuyos...

— ¿Con los míos? -preguntó Platón mirándolo con desprecio.

— Sí, tú les enseñaste a vivir negando la vida, a lamentarse por este mundo y vivir en otro... Tú eres el culpable del alcoholismo, la drogadicción...

— Sí, y del hambre en el mundo, no te fastidia. Además, tú mismo has estado bebiendo hoy -le replicó Platón.

— Yo soy un superhombre, yo afirmo mis pasiones, pero no me evado del mundo. Hay una delgada línea entre embriagarse de la vida y evadirse de ella -dijo Nietzsche con cierta pedantería.

— No empecéis de nuevo, que hemos venido a divertirnos -dijo Miguel entrometiéndose entre ambos.

Miguel conocía a unas chicas que siempre estaban allí. Una de ellas le encantaba. Su intención aquella noche era tratar de hablar con ella y que se fijase en él. Entonces se interpuso en la conversación de ambos.

— Miren aquella mujer, me encanta -dijo Miguel embobado-. ¿Crees que se fijará en mí? -dijo mirando a Platón-. ¿Estoy guapo? -Platón empezó a darles consejos sobre el amor.

— Eh, ¿por qué se lo preguntas a él? ¿Tienes miedo a mi respuesta o qué? -dijo Nietzsche sin que nadie le respondiese.

— A ver -Platón se dispuso a darle al joven sus lecciones sobre amor-, el amor es aquel que evoca la belleza ideal; el amor se siente por una alma, por las ideas y virtudes presentes en esa alma. El auténtico amor es el que se siente cuando alguien parece realizar unas ideas, ser la encarnación de la idea de belleza o de bien, algo perteneciente al mundo de lo auténtico y verdadero.

— Pero ¿un amor platónico no es algo inalcanzable, que es imposible de llegar a realizarse? -Eso le había parecido leer a Miguel en alguna que otra ocasión.

— No. Se trata de un amor que no está basado en los sentidos ni en la belleza física, ni siquiera en la pasión que se pueda sentir por una persona ni en un sentimiento. Es un amor completamente racional, por eso es superior a la pasión; está por encima de ella.

— Vaya rollazo -dijo Nietzsche, bostezando-. Voy a tomar una copa de absenta de esa. Platón, ¿te traigo algo?

— Cualquier bebida no alcohólica me servirá, gracias -respondió Platón.

Nietzsche se acercó a la barra, pidió a la camarera una absenta y preguntó por alguna bebida no alcohólica.

— Sí, claro. Tome -dijo dándole una absenta y una bebida energética.

Nietzsche tomó la bebida energética y la mezcló con un poco de absenta para "animar" a Platón. «A ver si de este modo afirma su vida, despierta sus impulsos», pensó.

Nietzsche aprovechó el gentío para apartarse de la barra sin pagar. Se acercó de nuevo a la zona donde se encontraban Platón y Miguel y le ofreció gustosamente a Platón la copa de bebida energética con absenta.

— Gracias. Tiene buen sabor, y cuerpo -le dijo Platón.

— Sí, está bastante buena, ¿no? -dijo Nietzsche sonriendo. Miguel le echó una mirada cómplice, imaginando lo que sucedía, y siguió su conversación con normalidad.

— Entonces, ¿qué hago?

— El mejor amor es el amor que uno se tiene a sí mismo, como yo, que... –respondió Nietzsche dando su toque personal a la conversación.

— Sí, sabemos que te quieres, pero ahora en serio. No se trata solo de quererte a ti mismo, sino de que te quieran, te den cariño... - dijo Miguel melancólico.

— Yo a eso lo llamo debilidad -dijo Nietzsche mirando al joven por encima del hombro-. El superhombre, el *Übermench*, no necesita de nadie.

— ¿Es que tú nunca te has enamorado? -preguntó extrañado Miguel.

— Sí, incluso me declaré, pero ni puto caso... -respondió Nietzsche.- Eso me sirvió para fortalecerme frente al sufrimiento estúpido del amor -dijo con cierta resignación-. No volveré a caer en esa trampa que te hace dejar de ser tú, dejar de afirmar tus pasiones para depender todo el día de otra persona.

Entonces Platón interfirió, medio bolinga, en la conversación.

— Vamos a ver, aaais... el amor... los jovencitos... A ver, realmente, un joven que nos atrae es porque evoca la idea de belleza, de lo bueno. Nos atraen las cualidades de su alma. Por eso se trata de una conexión que va más allá de los placeres terrenales.

— SÍ, ESO, INCÍTALES AL CELIBATO. YA, LO QUE FALTABA. Ni caso -dijo Nietzsche con desprecio-. Este no sabe lo que dice. Hazme caso a mí, que soy el experto en cuestiones de afirmar la vida -añadió retocándose el bigote cual ligón de su época.

A continuación, para animar el ambiente, Nietzsche se giró hacia Platón y le empinó la copa, ayudándole a beber.

— Bebe un poco más, anda.

Platón bebió sin ser consciente de que estaba emborrachándose por momentos.

— Oye, está buenísimo esto, ¿eh? -dijo con un poco de hipo.

— Pero si a ti te dejaron tirado... -respondió Miguel a Nietzsche con un gesto de confusión.

Platón soltó una carcajada y continuó sus "lecciones" sobre el amor, ahora ridiculizando a su adversario para demostrarle que no sabe nada.

— Realmente se trataba de una mujer inteligente; menos mal que huyó. Eso significa que pudo contemplar la belleza en sí y no se quedó con lo corporal. Aunque tampoco es que evoques corporalmente a la pasión... En fin, no entiendo...

— Una hostia, eso te estás ganando, impertinente. Aquí nadie te ha llamado, márchate -gritó Nietzsche abalanzándose sobre Platón.

— Calma, león -dijo Miguel, parándole-. Nos estamos divirtiendo, eso es todo.

— No soy el león, el león solo devora; soy el niño, capaz de construir después de haberlo destruido todo, capaz de edificar nuevas ideas que expresen realmente su modo de vida... sin ser un esclavo de ellas. Pero no consentiré que este pazguato pretenda decirme nada sobre mi vida sin tener ni idea de lo que es la vida.

— Lo que tú digas, pero cálmate -dijo Miguel.

— Solo he dicho la verdad. El amor físico es algo imperfecto, pero es un paso para contemplar la belleza de la que participan las almas... La cosa va así, ya lo decía Sócrates: "De los bellos cuerpos a los bellos comportamientos, de los bellos comportamientos a las bellas ciencias, hasta que de ciencia en ciencia se llega a la ciencia por excelencia, la ciencia de lo bello". Empezamos por ver lo que participa de la idea de belleza, y alejándonos de lo corporal, vamos hasta lo ideal, que es lo mejor de todo. Pero tú... Tú de eso no tienes -dijo Platón, riendo.

— Ya, pero... ¿y el sexo? -preguntó Miguel.

Nietzsche iba por el suelo de la risa que le entró.

— Platón no tiene de eso, es como los ángeles...

— Si por ti fuese, todo sería vicio, nos dejaríamos dominar por las pasiones -dijo Platón.

— Me gusta la doctrina de Nietzsche -dijo Miguel, brindando su cubata con el de Nietzsche—. ¡Viva el sexo!

— NO, NO LO HAS ENTENDIDO, JODER. No se trata de que las pasiones te dominen, se trata de dominar las pasiones para vivir acorde a ellas. Se trata de dejarlas fluir, de afirmarlas, pero no de vivir pendiente de ellas, incontrolado, porque eso no sería afirmar nuestra vida, sería otro tipo de dependencia. Imagínate depender tanto de follar que, aunque la polla se te rompiese a pedazos, estuvieses deseando más y más. ¿Qué mierda de afirmación sería esa?

— Ven, por fin están de acuerdo en algo. Vaya... -dijo Miguel asombrado-. Parece que ambos creen que las pasiones hay que controlarlas para que no nos dominen.

— Ni de coña, yo no digo eso. Las pasiones nos turban -dijo Platón con indiferencia-. No has entendido nada. Pero yo te aprecio igual, jovencito -dijo dándole un abrazo a Miguel, un poco turbado ya por el cubata.

— ¡NO, JODER! TU NIEGAS LA VIDA, PLATÓN. -Entonces Nietzsche pausó su tono-. No se trata de negarla, sino de vivir con ella, de tenerlas en cuenta, no dejándote dominar, pero sí dejándolas fluir. Si nos dejásemos dominar seríamos adictos a ellas, como el que es adicto a la morfina. Diríamos: «Voy a inyectarme dos litros de pasión», «me voy a esnifar cinco gramos de felicidad»... No es eso, se trata de decir: «Mira, aquí viene la pasión», y afirmarla, pero sin dejar que mande sobre nosotros, sobre nuestra personalidad.

— Entonces, se trata de dejarse dominar, ¿no lo ves? -dijo Platón, intentando hacerle entrar en razón y mostrarle su modo de pensar como pura contradicción.

— Entonces, ustedes creen que si alguien me gusta, ¿debo intentar estar con ella...?

Los dos filósofos se quedaron pensando un tiempo. Platón se decidió a hablar:

— Debes encontrar la belleza, puedes ver la idea de belleza de la que participan, pero no debes dejar que esta te ciegue. Debe ser un amor racional, que te haga ver la belleza, pero no pasional; de lo contrario, no la verás.

— Y UN COJÓN, NO. Lo que debes hacer es afirmar tus sentimientos; eso sí, que no te dominen, que no te hagan depender de ella. El amor puede anular tu voluntad y tu afirmación; no lo permitas. Puedes vivirlo, claro que sí, pero no hacerte dependiente de él, ojo -dijo Nietzsche.

— Ni caso, no sabe de lo que habla, sigue en la caverna -dijo Platón poniéndole el brazo sobre el hombro.

— Tú no hables, bien que mirabas a los jovencitos, Platón -le replicó Nietzsche.

— No miraba a los jovencitos, miraba la belleza en general.

— Sí, y con la excusa...

— Bien, voy a ir a hablar con ella -dijo decididamente Miguel.

— De acuerdo, vamos -le siguió Platón.

— No, ustedes se quedan aquí socializando, no vaya a ser que se marche -dijo Miguel.

— ¿Qué insinúas? Será desagradecido. Le damos buenos consejos y así nos lo paga -dijo Nietzsche.

— Así es la vida -dijo Platón con resignación, sonriendo.

Platón se sentó en el sofá que había al fondo del pub mientras Nietzsche trataba de sacar a alguna chica a bailar, sin mucho éxito. Nietzsche utilizaba la técnica que conocía, la que había utilizado con Salomé, la mujer que le rechazó repetidas veces. Nietzsche se acordaba mucho de ella. «Ella sí que me tenía bien dominado, era ella quien llevaba el látigo, no yo... Una lástima que no quisiera sucumbir a mis encantos», pensó el filósofo. Entonces se acercó a una muchacha y le dijo la misma frase que le había dicho ya a Salomé:

— ¿De qué astros del universo hemos caído los dos para encontrarnos aquí uno con el otro?

— ¿Perdone? ¿Me está tirando la caña? -dijo ella.

— Shh, calla, criatura, debemos haceros callar antes de que nos dominéis -dijo Nietzsche pasándole el brazo por la cintura.

La mujer aprovechó que le estaba pasando el brazo por la cintura para agarrárselo y retorcérselo. Seguidamente le dio una patada en sus partes y le dijo:

— Así aprenderás a no tratar mal a las mujeres, ¿dónde está tu fuerza ahora, eh? ¿Y tu voluntad de poder?

Así es, parece que esta chica había leído algo de Nietzsche y posiblemente pensaba que era un señor que vestía imitando el estilo Nietzscheano.

Nietzsche se avergonzó, aunque hizo una mueca de agrado por el carácter de la joven, y volvió a la esquina donde se sentaba Platón. Platón parecía estar hablando también con un jovencito:

— Sí, pues en realidad la compañía de los hombres es preferible a la de las mujeres porque su alma es más perfecta. De ellos aprendemos mejor las ideas que de ellas. Tú imitas mejor la idea de belleza, joven -dijo Platón acercándose poco a poco hacia el joven.

El chico se apartó de golpe:

— ¡¿QUÉ HACE, VIEJO VERDE?! -Entonces se marchó tirándole encima su cubata.

Nietzsche se sentó riendo.

— Vaya, parece que lo tuyo son auténticos amores platónicos, porque ni uno se realiza físicamente.

— ¿Es que acaso has triunfado tú?

— No, nunca me ha ido bien en el amor -resopló Nietzsche-. Ninguna mujer me aceptó, solo le pedí matrimonio a una y se fue con otro. Una vez que practiqué el coito... y mira por dónde, las insanas condiciones propiciaron y aceleraron mi enfermedad.

Tal vez ebrio por el alcohol, abrazó a Platón y se desfogó dándole la murga sobre mujeres, amores, la debilidad que supone el amor y lo loco que le vuelve a uno. Era una estampa idílica. Tras esto, ambos se decidieron a seguir bebiendo. Nietzsche empezó a robar cubatas de la barra:

— No son de nadie, así que es una pena no aprovecharlos -dijo tomando unos cubatas de la barra a escondidas y poniéndolos sobre una mesilla abandonada en un rincón de la sala.

— Toma, Platón, son sin alcohol -dijo convenciéndole y riendo discretamente.

Tras un par de rondas, mientras la fiesta decaía, Platón y Nietzsche se animaban, siempre a contracorriente. Miguel se marchó sin ellos hacia el bar, ebrio y decaído por su fracaso amoroso también. Al cabo del rato, Platón y Nietzsche se encontraban en un sillón, roncando y abrazados, sin camiseta y con una buena resaca del quince.

Unas horas después, se despertaron y ya solo quedaba un señor limpiando el bar, que parecía bastante antipático y les instaba a marcharse ya de una vez de allí.

En ese momento se percataron de que el sobrino del bar, con quien habían ido a la fiesta y debían volver, no estaba. Pero tampoco se preocuparon mucho por el tema. Salieron a la calle sin más, descamisados y con aquellas pintas.

Poco a poco, les iban viniendo *flashes* sobre la fiesta: una pelea con Miguel por no querer marcharse, el baile en la barra del bar, los abrazos y llantos...

— Creo que tardaré un tiempo en beber de esta manera -dijo Nietzsche.

— Vaya, el que se autoafirma...- dijo Platón con ironía, tocándose la frente y tratando de disimular su resaca.

Sin embargo, al salir vieron algo que realmente les preocupó: "SE BUSCA. SEÑORES PELIGROSOS. INSUMISOS". Debajo de la descripción había una foto de ambos sacada de la enciclopedia de internet.

— ¿Cómo? Tú, peligroso, vale, ¿pero yo? -dijo Nietzsche con cara de asombro-. No entiendo nada, ¿nos buscan? ¿Quién nos busca?

— No lo sé, nos está pasando lo mismo que a mi maestro... Sin hacer nada y... Pobre... -dijo Platón apenado.

— Pobre, una mierda. Se lo mereció por negar este mundo, por destrozar la capacidad de sentir, por convertirnos en momias a todos...

— Joder, Nietzsche. Nos van a hacer algo horrible, seguro, ¿y te da igual? Debemos buscar un sitio donde refugiarnos. Tal vez algo de ropa diferente, mira qué pintas llevas -dijo Platón señalando los ajustadísimos pantalones de cuero que llevaba puesto.

— Bueno, ¿y tú que me dices? ¿Qué es ese pendiente que llevas en el pezón? -preguntó, extrañado, pero sin darle más importancia-. ¿No decías que hay que acatar la ley sin más por respeto al ideal de ley? ¡Pues corre! Ve a entregarte... Yo no me voy a dejar capturar, vivo en libertad, soy un alma libre... Es más, voy a intentar camuflarme por si acaso...

14. PLATÓN Y NIETZSCHE VAN DE COMPRAS

Lo primero que hicieron fue ir a por un cambio de imagen. Eran ya las nueve de la mañana, así que las tiendas estaban abriendo. Primero entraron en una peluquería:

— ¿Qué desean?

— Un cambio radical -dijo Nietzsche mirando las fotos de la peluquería. Entonces observó una original imagen de un hipster con la barba de color rojizo y dijo decidido: — Tíñeme el bigote de rojo.

La peluquera así lo hizo, tras un par de sugerencias que Nietzsche ignoró.

—¿Cómo quiere que le corte el pelo? -dijo la peluquera, un tanto extrañada y dubitativa.

— En silencio, gracias -respondió Nietzsche tajantemente

La peluquera se dedicó a cortarle el pelo sin más. Un corte de estilo juvenil a lo Justin Bieber con unas mechas rojizas a juego con el bigote.

— ¿Le arreglo un poco más el bigote?

— ¿El bigote? ¿Qué le pasa? -dijo con cara de enfado.

— Nada, ya puede levantarse. Siguiente -dijo con despecho y malhumor la peluquera.

Platón se sentó y empezó a charlar con la peluquera:

— A mí me resulta muy importante que nuestro cuerpo exprese belleza, que imite la idea de belleza, ¿sabe?

— ¿Cómo quiere que le corte el pelo? Bueno... No sé muy bien qué hacerle... -dijo ella acariciándole la enorme frente terminada con un pequeño flequillo. «Esto no tiene arreglo», dijo mirándole el frontón.

— Antes de ello debería preguntarse: ¿qué es la belleza? Realmente la belleza física no es sino un reflejo de la idea de belleza -continuaba Platón.

— Ajá... ¿No preferiría que le arregle los cabellos en silencio como a su amigo?

— Si nuestra alma es bella, si imita la idea perfecta, los demás, quienes la conozcan, lo verán, ¿sabe?. Pero si ya desde el exterior imitamos la belleza, estamos dando una expresión de esta a los demás. Me gusta que me miren y digan: Mira, qué bellezón. Porque imito a lo bello...

— Ya... -dijo la mujer con cara de desagrado-. ¿Le gusta cómo le ha quedado el bigote a su amigo?

— Bien, entonces... -Platón solo quería charlar. Ella se dedicó a hacerle la barba roja como a su amigo, pensó que al no responderle y asentir con la cabeza, quería lo mismo.

Al terminar, la peluquera le enseñó a Platón su nuevo *look*.

— ¡Me ha hecho el mismo corte de pelo que a este señor! -dijo Platón, levantándose indignado de la silla-. ¿Usted acaso me ha preguntado cómo quería el corte de pelo?

— Pues claro que le he preguntado, ¡será usted maleducado!

— Mire, no merece ni que le pague por su trabajo, porque ha hecho lo que le ha venido en gana, señorita. ¿Esta es su idea de belleza? -empujó a Nietzsche hacia fuera y sin dejarle responder, le dijo de un modo educado pero malhumorado:

— Que tenga usted un buen día y tiene suerte de que no le pida la hoja de reclamaciones. Nos vamos -dijo saliendo apresuradamente tras Nietzsche. Ambos corrieron cuesta abajo, mientras la peluquera les perseguía. Cuando consiguieron darle esquinazo, se metieron en una tienda de ropa para hacer la misma jugarreta. Una tienda enorme, llena de ropa:

— Mira, son todas las prendas iguales -dijo Platón sorprendido.

— Ni un ápice de originalidad, JODER -respondió Nietzsche.

— SHH, no te alteres, lo último que necesitamos es llamar la atención. Vamos a buscar algo a la moda -le dijo Platón.

— Mira, es la misma camiseta una y otra vez, pero en diferentes colores -dijo Nietzsche.

— No tienen ni idea de la idea del buen gusto... Ni una túnica siquiera.

Platón hizo intención de desnudarse para probarse una camiseta, pero el dependiente le paró a tiempo:

— Señor, ahí tiene los probadores -dijo con tono desagradable y señalando los pequeños cuartos con cortinas.

— Qué señor tan antipático -le dijo Platón a Nietzsche.

Cuando entraron a probarse la ropa, al salir del vestuario ambos parecían gemelos.

— ¡JODER! -exclamó Nietzsche, que volvió a entrar al vestuario a cambiarse.

Aunque les costó salir pitando cuando sonó la alarma, consiguieron una auténtica vestimenta "moderna", según ellos. Ambos con el vello facial rojo chillón, Nietzsche vestía una camisa a cuadros y unas bermudas floreadas que parecían bastante frescas, mientras que Platón encontró algo ideal: una camisa larga blanca que parecía una auténtica túnica griega. Por el camino también pillaron unas gafas de sol para esconder mejor su identidad.

Cuando salieron, decidieron ir en busca del bar donde habían aparecido; se encontraban hambrientos y un tanto desorientados.

Como nos podemos imaginar, no tenían muy claro cómo volver al bar, así que decidieron preguntar a alguien por El recoveco, pero con esa cara de desesperación y esas pintas, nadie les hacía mucho caso.

Tras cinco vueltas a la misma manzana, se percataron de que todos les estaban observando.

— Nietzsche, actúa como alguien normal, por favor. Te dije que ese atuendo no era adecuado, y tu actitud alborotadora no es la mejor... -le dijo Platón mientras intentaba pasar desapercibido entre la multitud.

— Bueno, tampoco es que tu túnica y tu culo al aire pasen muy desapercibidos -le respondió Nietzsche.

Nietzsche andaba de lado a lado observando todas las luces de los bares y las tiendas, los aparatos que pitaban, los semáforos y las plazas de la ciudad.

— Joder, si te dicen hasta cómo has de comer. No puede ser. No saben hacer nada sin que se lo digan...

— Les dicen todo lo que tienen que desear, tienes razón, pero debemos parecer uno de los suyos. ¿Es que no lo ves? Nos están buscando... -le dijo Platón.

— JODER, ENTRÉGATE YA Y HAZNOS UN FAVOR A TODOS. Qué poca capacidad para afirmarte a tí mismo. Me enfermas...

Entonces se acercaron hacia un grupillo de jóvenes para preguntarles la dirección del bar.

— Heeey, ¿qué pasa, troncos? -trataba de utilizar el lenguaje aprendido la noche anterior. Los jóvenes soltaron una carcajada y le respondieron con un simple «Hola».

— Estamos buscando un bar llamado El Recoveco, ¿nos podrían decir cómo llegar?

— Sí, tío.

— ¿Tío? ¿Perdona? Creo que me confundes... -dijo Platón.

— No, no. Es una expresión -le explicó un joven riéndose.

— Bueno, debéis ir hacia la derecha.

— Pero ¿mi derecha o tu derecha? -interrumpió Nietzsche, queriendo molestar un poco.

— Joder, la derecha -dijo el joven. Ya, pero derecha puede tener muchos significados -insistía Nietzsche-. ¿O hay un universal de derecha? -dijo mirando a Platón.

Platón, un poco mosqueado, le respondió:

— LA DERECHA ES LA DERECHA, no va a ser la izquierda, ¿no? Es una dirección, sin más, no hace falta darle más vueltas.

— Ya, pero si lo miro desde otro ángulo, la derecha es la izquierda...

— Oiga, ¿quiere que le ayude o no? No tengo todo el día -dijo el joven con cara de enfado-. Bueno, pues eso, primero giran a la derecha y luego giran otra vez a la derecha; al llegar al llorón, tuercen a la izquierda y luego todo recto.

— Pero ¿no ve que es un poco ambiguo? El lenguaje en sí es ambiguo -dijo Nietzsche.

— Vamos, Nietzsche, deja tus disparates. Un árbol hace alusión a la idea universal de árbol, de la que derivan todos los árboles que puedas ver. Si se refiere al llorón, será al tipo de árbol que hace alusión a la idea universal de árbol llorón.

— O a un señor que llora en una esquina, o a un animal moribundo llorando... Es más, llorar es muy relativo. ¿Qué tipo de llorón quiere decir joven?

— Eh, tíos, vámonos, estos están pirados... -dijo el joven a sus amigos, haciendo intención de marcharse.

— ¿Ves? Les has ahuyentado -dijo Platón con tono de enfado. Entonces se giró en dirección al joven que se había dado la vuelta y marchado esquivando las divagaciones de ambos y le gritó:

— Joven, vuelve, no has acabado de explicarnos... -Pero el grupillo de jóvenes ya estaban demasiado lejos.

— Joder, Platón, todos te huyen. ¿No ves que les atormentas con tus preguntas? Quizás en Atenas te funcionaba, pero aquí la gente no tiene paciencia para tus disparates.

Platón, en un tono imperativo, le ordenó:

— Cállate –le ordenó Platón en un tono imperativo-. Contigo no encontraré ayuda nunca, Aristóteles estará ya preocupado por mí. Le estaba explicando el engaño de los sentidos cuando...

— Hasta el lenguaje es un engaño, es imposible explicar nada con palabras, con conceptos... Aristóteles estará hasta las narices de ti, eres un maestro-payaso -le dijo Nietzsche.

— ¿Un maestro-payaso yo? ¿Por qué? -preguntó Platón indignado.

— Por tus trucos baratos de magia. Mira, ahora me saco un concepto universal de árbol, ahora un concepto universal de hombre... -le respondió Nietzsche con tono irónico y gesticulando burlonamente, como si imitase a un mago sacando conejos de su chistera.

— Dime, ¿acaso no utilizas tú el lenguaje y los conceptos? Es más, si has escrito libros.

— Sí, pero no es lo mismo. Yo sé que son meros instrumentos para entendernos. Ese árbol no es igual ahora que será dentro de un rato, ni igual al siguiente... No hay un universal estable.

— Joder, pero todos aluden al mismo universal, fíjate que tienen unas características similares...

— No hay más que vida, cambio, mutación... Así pues, ¿no sería mejor hablar con metáfora y poesía, cara de ánfora?

De ese modo expresaríamos mejor la vida, el cambio, los sentimientos... No se puede rechazar esta bellísima oferta, a no ser que sea usted una momia.

— Bueno, será cuestión de girar a la derecha, como ha dicho el joven -dijo Platón

ignorándole.

— ¿La suya o la nuestra? -insistía Nietzsche.

— Por allí -dijo señalando su derecha-. ¿No ves el árbol a lo lejos?.

15. PLATÓN Y NIETZSCHE TOPAN CON LA IGLESIA

Al acercarse hacia el árbol vieron una enorme plaza. Allí había un cura en medio de la plaza, subido a una plataforma, dando un sermón frente a un montón de seguidores mientras pasaba por delante de él una procesión de caperuzas con tambores tocando sus marchas fúnebres y andando descalzos.

— El señor es mi pastor, nada me falta

en verdes praderas me hace descansar,

a aguas tranquilas me conduce.

Platón y Nietzsche se camuflaron en medio de la multitud mientras el señor vestido de negro con alzacuellos pronunciaba fervientemente su discurso.

— O sea, nosotros somos un peligro, ¿y éste? Hay que joderse -le dijo Nietzsche a Platón

— Shh -le chistó una abuela a Nietzsche.

— Shh usted, ¿no ve que les está lavando las mentes para alimentarse de su sufrimiento y hacerse más grande?

— ¿Cómo dice? -exclamó escandalizada la señora.

— No, no, señora, no me culpe a mí, ni a ese. Culpe a este de aquí -le dijo Nietzsche a la mujer, señalando a Platón como causante de todos los males-. Todas esas ideas del más allá, el valle de lágrimas... son de este, el primero de los débiles...

— Cállese y déjeme oír bien el sermón, ¡ordinario! -le reprendió la mujer con cierta indignación mientras se giraba para escuchar bien al cura.

— ¿De qué señor está hablando todo el rato? No entiendo nada... -dijo Platón algo confuso.

Mientras, el cura seguía su discurso:

— ¡El señor nos llevará al auténtico mundo! Donde no existe el engaño, ni la maldad, donde todo es bondad...

— ¿Lo ves? Hay un señor que te ha plagiado tu idea, y habla de este mundo como falso y otro, más allá, como el auténtico, el perfecto, donde está el bien... donde todos desean ir...- dijo Nietzsche, tratando de incitar la rabia de Platón

— ¿Cómo? Esa idea es mía, es mi filosofía, no la de ese señor del que hablan todo el tiempo. No se la puede apropiar -dijo Platón echándose las manos a la cabeza.

— Pues lo hizo, pero bien... Y tiene más seguidores que tú. ¿Cuándo has llenado así una plaza tú, Platón? -le dijo Nietzsche.

El cura proseguía:

— ¡LA VIDA ES UN VALLE DE LÁGRIMAS, HERMANOS! Pero no temáis... -Amén-. Solo si practicamos el bien, nos espera el paraíso eterno... Nuestra alma pura llegará al cielo...

— Oh, ¡qué hipócrita! -exclamó Platón-. Lógico, si nos alejamos de los sentidos vemos las ideas y podremos llegar a conocerlas... Si no nos alejamos del mundo sensible, nuestra alma quedará presa en él... sin poder recordar jamás aquello que vio en el mundo de las ideas, sin poder volver a su mundo, el ideal...[6]

— ¡OH!, SEÑOR, HAGASE TU VOLUNTAD EN LA TIERRA COMO EN EL CIELO -gritaba el cura

— Pero eso ya lo digo yo, se trata de poder realizar el mundo de las ideas... lo más similar posible...

Nietzsche se limitaba, durante un rato, simplemente a mirar la indignación de Platón y disfrutar, aguardando su momento de venganza. Por un momento veía a Platón sentir...

— BIENAVENTURADOS SEAN LOS QUE SUFREN, PORQUE DE ELLOS SERÁ EL REINO DE LOS CIELOS. -Y la muchedumbre estallaba en aplausos.

— BIENAVENTURADOS LOS MANSOS, PORQUE ELLOS HE-REDARÁN LA TIERRA.

—BIENAVENTURADOS LOS PACÍFICOS, PORQUE ELLOS SE-RÁN LLAMADOS HIJOS DE DIOS.

La muchedumbre lloraba y se alborotaba en el discurso. Necesitaba, en unos tiempos tan convulsos, alguien que les diese esas falsas esperanzas.

— ¡JESUCRISTO NOS DIÓ LA CRUZ!¡GRACIAS! Sacrificó su vida para mostrarnos sus enseñanzas, porque él provenía de las alturas...

---

6 Para Platón, conocer no es sino recordar. El alma es de la misma naturaleza que las ideas, pertenece al mundo de las ideas. Pero cayó en este mundo sensible. Por ello, cuando se aleja de él es capaz de reconocer lo auténtico y verdadero que se esconde tras las apariencias del mundo sensible, porque ya lo conocía anteriormente.

«Cual mito de la caverna», pensó Platón. Apresurándose en medio de la muchedumbre, alzó los brazos:

— ALTO, ALTOOO, FARSANTES. ESAS IDEAS NO SON DE ESE TAL JESÚS, NI MUCHO MENOS. Y SI ALGUIEN SE SA-CRIFICÓ, ESE FUE SÓCRATES -exclamó, y con la cara roja como un tomate y lleno de ira, empezó a andar hacia el cura

— YO DEBERÍA SER MÁS FAMOSO QUE VUESTRO DIOS... PANDA DE FARSANTES.

El cura trató de ignorarle y prosiguió con su discurso:

— BIENAVENTURADOS LOS MANSOS. SEA USTED BIENAVEN-TURADO Y AMANSE SU ESPÍRITU PARA LA PAZ CON DIOS.

Esto realmente enfureció más a Nietzsche, que se unió a Platón en su avance hacia el escenario donde se encontraba el cura, y en un arrebato de locura, ambos le apartaron de un empujón y tomaron el micrófono, causando expectación, asombro e indignación.

— No os dejéis manipular por esta ave de rapiña que aprovecha la debilidad del pueblo para hacerse más fuerte, y que más que curar, enferma a todo aquel necesitado - exclamó Nietzsche.

— ¿Qué dice? ¿Cómo se atreve? -se oía en la muchedumbre.

— Si hasta viste como un cuervo, que come cadáveres andantes como vosotros... ¿No lo entendéis...? Lo que hacen es que, incapaces de afirmar este mundo, crean otro y para hacerlo "real", aprovechan vuestra debilidad para que todos juntos matemos este mundo y lo neguemos. ¡Se alimenta de carroña como vosotros!

— SÍÍÍ. EN LUGAR DE LUCHAR, PONED LA OTRA MEJILLA. DEBILIDAD.

EN LUGAR DE AFIRMAROS. NEGAD ESTE MUNDO.

EN LUGAR DE APRENDER DEL DOLOR Y HACEROS FUERTES. SANTIFIQUÉMOSLO PENSANDO QUE NOS ESPERA EL MÁS ALLÁ.

BASTAA.

— ¿QUÉ TIENE USTED EN CONTRA DEL SEÑOR? -dijo el cura ya alterado.

— No soportáis la fuerza de este mundo y os obsesionáis con la ilusión de otro mundo en lugar de vivir este. Os fingís especiales por vuestra debilidad cuando realmente no sois nadie... TRANSVALORACIÓN. El fuerte se volvió débil y el débil se volvió "fuerte". La bondad no es sino la peor de las maldades, la merma de la humanidad, JODER

Entonces soltó su sentencia, tenía que decirlo:

— ¡DIOS HA MUERTO! -dijo ya con los ojos enrojecidos-. LE HEMOS MATADO, NADIE CREE EN NADA YA, NO HAY IDEAS... PERO EN LUGAR DE SER LIBRES, OS PERDÉIS Y VOLVÉIS AL REBAÑO UNA Y OTRA VEZ. UNA VEZ MUERTO, REMATADLO, JODER. SED VUESTRO PROPIO DIOS... SI NO, LA HISTORIA DE LA DEBILIDAD SE REPETIRÁ UNA Y OTRA VEZ.

Platón no compartía su idea, pero estaba a su lado. Vio a la multitud abalanzarse sobre ellos y antes de que les linchasen, cogió a Nietzsche de la mano y echaron a correr.

— JODER, NIETZSCHE, LA QUE HAS LIADO -dijo Platón corriendo sofocadamente.

— DEBERÍAMOS QUEMARLES, POR INSUMISOS -decía la muchedumbre.

— NO, NO, DEBERÍAMOS CRUCIFICARLOS... POR NO RESPETAR A DIOS.

—ESO, ESO, LA REPRESIÓN CREA MONSTRUOS... MIRA CÓMO DISFRUTAN DEL SUFRIMIENTO QUE TANTO NIEGAN AHORA... -dijo Nietzsche agravando la situación mientras se desgarraba la camiseta a modo de Jesucristo y se burlaba de sus plegarias, cantando sarcásticamente canciones de misa—: ¡GRACIAS POR LA CRUZ!, ¡SEÑOOR ME HAS MIRADO A LOS OJOOOS...! A MI ME GUSTA SENTIR EL DOLOR.. NO LO NIEGO... PERO VOSOTROS SOIS PEOR... LO NEGÁIS Y LUEGO SALE DE MODOS PERVERSOS. ¡FUSTIGAOS AHORA! LLAMAD A LOS MENORES... ¿Y VAIS DE SANTOS? -añadió Nietzsche.

Ambos corrieron en dirección al bar, tratando de buscar refugio. Cerca de la plaza empezaron su esprint y, colándose por las callejuelas cercanas, pudieron llegar discretamente al bar, despistando así a la muchedumbre furiosa.

16. LOS DOS CIENTÍFICOS EN BUSCA DE LA FILOSOFÍA

En estos momentos salían los dos científicos del Centro de Conocimiento y Poder para poder encontrar antes que la policía a los filósofos y así atribuirse el mérito de la misión.

— Bien, señor. Deberíamos ir hacia la plaza que hay en las afueras. En un radio de 5 km alrededor de esa plaza es donde les podremos encontrar -dijo el joven decididamente.

— 5 km es demasiado. ¿No podrías ser un poco más concreto? -le dijo el viejo.

— Me temo que no, señor.

— ¿No estarás torciendo nuestros planes a propósito? ¿No serás tú un insumiso? -le preguntó el viejo con tono amenazante y las arrugas de su frente bien apretadas.

— Me ofende, señor -dijo el joven indignándose.

— Bien -respondió soltándole de golpe el viejo y tratando de serenarse-. Esto es lo que vamos a hacer: peinar ese radio de 5 km a ver si hay algún sospechoso de haber tenido contacto con alguno de los dos.

— Señor, ¿y si en lugar de acabar con ellos, tratamos de convencerles para que sus ideas sean acordes a las nuestras?

— No digas sandeces, hablas como uno de ellos -dijo el viejo dándole una colleja.

— No, señor, solo digo que igual sería más honesto... en mi opinión...

— Tu opinión no importa -dijo severamente el viejo-. A veces me da la impresión de que tanta filosofía... No sé, te estás tomando este tema demasiado subjetivamente... Como si te importase.

— ¿Qué dice? Solo me parece curioso, despiertan mi curiosidad estos especuladores de mentes -dijo el joven tratando de disimular su reciente interés por la filosofía-. Piense que por culpa de estos personajes, de su ética, su crítica... el avance tecnológico, la robótica, la capacidad para mantener al pueblo distraído de los asuntos de Estado... se retrasaron. Demos gracias a que todo esto ya casi se ha abolido...

— Sí, pero esos malditos insumisos parece que lo están reavivando. Pronto acabará todo de una vez -dijo frotándose las manos el viejo científico-. Este plan de acabar con los filósofos y las filósofas es el principio de una nueva humanidad divina, más eficiente, más productiva, más sumisa... -dijo el viejo, apretando sus manos fuertemente e imaginando el poco tiempo que le faltaba para poder acabar con la filosofía de una vez.

— Ya, señor, pero realmente debe reconocer que algo les debemos, que nos aportaron conocimientos y preguntas a las que después la ciencia trataría de responder...

— ¡Y UNA MIERDA! -exclamó el viejo con tono de desprecio hacia la filosofía.

El joven decidió no tocar más el tema, no fuese que el viejo volviese a pensar mal de él. Realmente nada tenía él que ver con los insumisos, simplemente se dedicaba a ser objetivo y analizar la situación críticamente. Tal vez fuese ese el problema, como siempre: la crítica. Vivimos en la sociedad del sí a todo.

Ambos, joven y viejo, continuaron su discusión mientras peinaban ese radio de 5 km, sin mucho éxito. Llegaron a la plaza y empezaron a preguntar a todo aquel que se topaban por ambos señores de un modo acuciante. Empezaron a dar vueltas a la plaza y sus alrededores inspeccionando todos los rincones.

De repente tropezaron con una muchedumbre furiosa que les arrastró.

— Blasfemia, blasfemia... -gritaban algunos-. Insumisos, pena de muerte para los insumisos.

— Tienen pinta de haberlos visto. Pregúnteles -le ordenó el viejo al joven, gritando entre la muchedumbre.

— ¡BASTAAA, ATENCIÓN! -pero nadie le hacía caso. Entonces se le ocurrió gritar-: ¡CUIDADO! LLEVO UNA PISTOLA Y HE ESTADO EXPUESTO A LECTURAS DELIRANTES Y FILOSÓFICAS LAS ÚLTIMAS 24 HORAS SIN PRECAUCIÓN.

La masa se paró inmediatamente, asustada.

— Bien, ahora que me escuchan, ¿han visto a estos dos? -dijo enseñando dos fotografías que habían sacado de internet.

— SÍÍÍ, SON ELLOS. SON INSUMISOS.

— Vale, ¿dónde se han metido? Pueden ser muy peligrosos, son insumisos y pervertidores de nuestros pensamientos -advirtió el viejo.

— ¡POR FAVOR, ENCUENTRENLES YA! HAN PROFANADO EL NOMBRE DE DIOS, HAN INTERRUMPIDO NUESTRAS ORACIONES.

— Necesito que me digan dónde se han metido -insistía el joven.

— No lo sabemos, pero no andarán lejos; corrían en esta dirección. Atrápenlos, a la hoguera con ellos -le dijo una señora mayor.

— Señora, ya no condenamos a nadie a la hoguera –dijo el joven científico indignado.

— PENA DE MUERTE -gritó otro.

— No hacemos esas cosas, por favor -dijo el viejo un tanto nervioso y mirando hacia todas partes-. Pero pagarán las consecuencias. Tranquilícense -sentenció.

Entonces empezaron a rodear la plaza, mientras la muchedumbre seguía deambulando por allí.

— A la hoguera, decía la señora mayor -dijo riendo el viejo-. ¿Qué estamos, en el medievo?

—No, pero realmente vamos a borrarles del mapa... No andaba mal encaminada -respondió el joven con cierta culpabilidad.

— Cállate, me fastidias el cachondeo -dijo el viejo.

— Ya, pero... Es lo que vamos a hacer realmente -insistía el joven.

— Me estoy hartando de tus comentarios. A ver, vamos a buscar bares cercanos, a ver si por casualidad han entrado en alguno y si no, por lo menos tomaremos un descanso tranquilos. Tengo algo de sed. -Entonces abrió el GPS de su móvil y dijo con una voz clara—: Bares cercanos.

— Lo siento, no se ha encontrado bares de años -dijo la voz del móvil.

El joven no pudo aguantarse la risa, pero el viejo le devolvió una punzante mirada que le cortó de golpe su mofa.

— No, señor. Pruebe a teclearlo mejor.

El viejo así lo hizo, pero no pudo teclear bien, tenía los dedos demasiado gordos. Enfadado ya, le pasó el teléfono al joven, que en un momento consiguió poner claramente "bares cercanos" y en la página apareció El Recoveco como único bar cercano.

— La suerte del principiante. Venga, vamos -le dijo el viejo arrancándole el móvil de las manos.

17. PLATÓN Y NIETZSCHE REGRESAN AL BAR

En ese momento entraron sofocados, de nuevo, Platón y Nietzsche en el bar.

— Vaya, ustedes dos de nuevo -dijo el camarero con sarcasmo.

— Por favor, dos vasos de agua - pidió Platón, acalorado todavía por el esprint que se habían pegado mientras se sentaba en la barra del bar.

— Vaya, veo que no han ahorrado mucho desde que salieron. Cuéntenme, ¿por qué vienen tan agotados? ¿No se habrán metido en algún fregado?

— No, hombre -dijo Nietzsche entre risas.

— Veo que han cambiado de atuendo. Mucho mejor -dijo el camarero, continuando su sarcasmo de antipatía mientras limpiaba con desgana la barra del bar.

— Las apariencias son lo de menos -dijo Platón sabiamente.

— No empiece otra vez, por favor. Díganme, ¿cómo es que han vuelto a mi bar? -preguntó el camarero.

— Le hemos cogido a usted bastante simpatía y es el afortunado de gozar de unas mentes privilegiadas como las nuestras, o más bien de la mía -dijo Nietzsche señalándose a sí mismo-. Además, digamos que este mundo de mansos me agota. Ser el que conduzca a la humanidad a convertirse en algo más que simples rebaños de ovejas es agotador.

— Nietzsche, es nuestro deber como sabios que somos, por más que nos persigan -le dijo Platón.

— ¿Que les persigan? ¿Quiénes? -dijo el camarero, asustado y preocupado.

— Las autoridades. La historia se repite -le respondió Platón.

— Es el eterno retorno, amigo -dijo Nietzsche poniendo su brazo sobre el hombro de Platón-. Por eso tenemos que vivir la vida de acuerdo a lo que queremos, y no a lo que se nos impone. Si todo se repite, es mejor que se repita lo que realmente deseamos, ya que la verdad eterna, el más allá y todas esas bobadas no existen... Lo que existe es el eterno fluir de la vida afirmándose.

— No estoy de acuerdo. Pero fuera de debates, ¿no ves que está en nuestras manos poder ayudarles a vivir mejor, de un modo razonado, sin dejarse engañar por los sentidos, por la falsedad... sin aceptar lo que les digan sin más?

— Sí, pero no podemos imponerles cómo vivir -insistía Nietzsche.

— No se trata de imponerles nada, se trata de enseñarles.

—Yo lo único que puedo enseñarles es a vivir de acuerdo a sus impulsos, a afirmarse... Toda una generación de superhombres, eso necesitamos.

— Señores, lo que ustedes dicen es ficción pura. Superman no existe...

— ¿Superman? -preguntó Nietzsche extrañado.

— Sí, el superhéroe que salva a la humanidad de los malvados. Ustedes no pueden jugar a ser superman... Ya son mayorcitos.

— Mi superhombre es solitario, es el hombre capaz de vivir su propia vida, capaz de afirmarse, de construir según sus ideas y cambiarlas según sus deseos. Capaz de vivir sabiendo que no hay universales, siendo simplemente él mismo según sus ideas en cada momento.

— No le haga caso, me gusta su idea de superman. Tal vez deberíamos ser los que salven a la humanidad si... -dijo Platón rascándose la barba.

— Señor, no ha escuchado nada de lo que le he dicho. Superman no existe -insistía el camarero.

— Existirá, está ante él, es el sabio que os sacará de la caverna... - dijo Platón.

— NO, ES EL QUE DESTROZARÁ TODOS LOS ÍDOLOS PARA QUE EL NUEVO AMANECER SEA REALMENTE EL ATARDECER DE LOS UNIVERSALES, LA LIBERACIÓN TOTAL -dijo Nietzsche exaltándose.

Mientras los dos filósofos y el camarero mantenían esta conversación, apareció Simone en el bar.

— Una cerveza bien fría, por favor -pidió educadamente la joven.

— Claro que sí, Simone. ¿Cómo te va?

Simone solía frecuentar este bar con sus amigos a menudo, puesto que se encontraba a las afueras de la ciudad, de modo que si tenía que escapar de repente a sus escondites, podía huir fácilmente.

— Bien, dando clases de incógnito -dijo riendo

— Un día de estos te pillarán y te meterán en chirona -le dijo preocupado el camarero.

— Que vengan, solo intento hacer que la gente deje de vivir como robots, que piensen por sí mismos. Además, me siento realizada. Esta mierda de sociedad no sabe pensar por sí misma, se guía por las modas, ha adaptado un estilo de vida basado en las redes sociales, los anuncios y demás y en lugar de vivir, hacen como los animales, que imitan aquello que ven para sobrevivir...

— Si sigues diciendo esas cosas te detendrán. No quiero follones aquí en mi bar, ya te lo he dicho mil veces.

— ¿Sabes? Hace poco vino un señor a las tantas de la madrugada a pedirme clases sobre Platón -dijo riendo, intentando ignorar sus consejos.

Entonces Platón se giró repentinamente:

— ¿Sobre mí?

— ¿Cómo dice? -se sorprendió Simone.

— Deja a la señorita en paz -interrumpió el camarero, apartando a Platón con el brazo desde la barra-. Estos señores dicen que son Platón y Nietzsche, y que han llegado aquí a través de una humedad de mi bar desde el pasado... Les he insistido en que me den la dirección de su residencia... pero nada. Aquí están -le explicó el camarero.

Simone no pudo evitar escupir el trago de cerveza que estaba tomando al escuchar las afirmaciones del camarero tan estrambóticas.

— ¡He visto los carteles! Tienes que esconderles. No sé muy bien cómo es posible, pero es cierto, quizás por un agujero de gusano, o no sé...

— AL FIN ALGUIEN QUE LO ENTIENDE, JODER -dijo Nietzsche agitando los brazos con un gesto de victoria.

— JODER, NO PUEDO CREERLO -gritó Simone boquiabierta y sorprendida por lo que sus ojos estaban viendo-. ¿Cómo es posible que esté aquí hablando con Platón y Nietzsche?

— Si, verás, esa humedad del baño... Pues por ahí es por donde vinimos. Yo estaba tan tranquilo en mi residencia cuando de repente empecé a hurgar una humedad de mi habitación y me encontré de sopetón en este cochambroso bar.

— Bueno... -Simone no sabía muy bien qué responderle, era todo demasiado surrealista. Pero también parecía surrealista que el mundo estuviese tirando por la borda toda la cultura, el pensamiento... a merced del poder; así que todo era posible. Mirando a ambos, extrañada, les explicó la situación-. Por ahí fuera hay una muchedumbre furiosa que os busca y carteles con vuestras jetas. Por favor, el mundo necesita la filosofía. Tened mucho cuidado; si os atrapan, os borrarán de la historia, y el mundo necesita más que nunca la capacidad para razonar, para ser críticos, para pensar por sí mismos.

— Es cierto, debemos ser quienes guíen al pueblo a salir de la caverna, de la oscuridad, liberar a los prisioneros de la caverna... -dijo Platón con tono altivo, mientras Nietzsche le miraba con hartura.

— Ya lo veis, el sueño de la razón produce monstruos... Debemos de salir por la puerta de atrás. Yo os ayudaré -dijo ayudando a ambos a levantarse y dirigiéndose hacia la puerta trasera. Pero fue interrumpida por el sermón del camarero:

— No puede ser, Simone. ¿Tú también? Al final es cierto que leer causa enfermedad, y tanto trapichear con libros te ha causado locura. ¿Cómo va a ser verdad? Anda, deja a los señores en paz, solo les falta que les sigan el juego -le replicó el camarero mientras negaba con la cabeza de lado a lado.

En ese momento entraron por la puerta el científico joven y el viejo. Los tres se levantaron repentinamente y antes de que los científicos les viesen, se escondieron en un rincón del pasillo que daba a los baños y a la puerta trasera, tratando de no hacer ruido.

Simone no podía creer lo que veían sus ojos. Aquel joven curioso y el anciano tan interesado por la filosofía eran P.E.N.E.S.

— Buenos días. Buscamos a estos señores -dijo el viejo enseñando la foto de los filósofos.

El camarero quedó estupefacto, blanco como las paredes de su bar cuando lo inauguró.

— Mi amigo le ha hecho una pregunta, señor - dijo el joven con un tono imperativo.

— No, no quiero jaleos... -les respondió el camarero con un tono tembloroso que le delataba.

Entonces, Simone, haciendo uso de su astucia, salió de su rincón tratando de distraer la atención de los científicos.

— ¡Vaya, son ustedes! -exclamó con un tono alegre y tratando de disimular sus nervios-. ¿Qué hacen así vestidos?

— Simone, ¿qué haces aquí? -le preguntó el joven, avergonzado por su vestimenta.

— Pues es donde suelo venir a pegar un trago. ¿Y ustedes? -dijo tratando de atraer la atención de ambos-. No sabía que eran P.E.N.E.S.

— ¿Cómo dices?

— Bueno, perdón. Policías Estatales Nombrados Estabilizadores del Saber. ¿No ven que eso es muy largo? -bromeó ella.

— Estamos de servicio -dijo secamente el viejo, sospechando de ella-. ¿Tú no habrás visto a estos dos?

— Pero si hace siglos que murieron, no sea ridículo -dijo ella riendo mientras les hacía un gesto a los filósofos para que saliesen corriendo por la puerta trasera...

Los filósofos hicieron el amago de salir por la puerta trasera, pero fueron interceptados por la muchedumbre que anteriormente les había estado persiguiendo.

— ¡AHÍ ESTÁN! ¡A POR ELLOS! -dijeron mientras les empujaban hacia dentro del bar de nuevo.

Toda la masa confusa de gente entró en el bar como si de una manada se tratase y empezó a tirar de las barbas y vestimentas a Platón y Nietzsche, tratando de cogerlos e interrumpiendo la conversación entre Simone, los científicos y el camarero.

Los científicos en seguida les pusieron las esposas.

— Pero es absurdo, perros, dictadores -Simone empezó a insultarles y patalearles, intentando escapar inútilmente—. ¿Por qué les detienen? -gritaba.

— Por ser precursores e incitadores a la insumisión a la autoridad.

— ¿¡NO VEN QUE VIVIMOS EN UNA DICTADURA DE REBA-ÑO!? ¿DEMOCRACIA? ¡Y UNA MIERDA!

— Simone, cállate, que será peor -le dijo el joven, intentando suavizar la situación.

Pero Simone se resistía y mirando al gentío, desafiante, les dijo a todos los allí presentes:

— Está claro que es más cómodo vivir engañados, ser ciegos, sordos y mudos... Prefiero ser insumisa antes que someterme a la dictadura de la idiocracia en la que vivimos, en que el pueblo es mano de obra para el poder, en que nos pesa más tener *likes* a tener ideales... MIERDA DE SOCIEDAD.

— Bien, tú también vienes, Simone. Pensaba dejarte libre por tu ayuda... - dijo el viejo con resignación y tono paternal-. Pero veo que eres como todos los insumisos.

El camarero estaba helado por la situación. Algo se despertó en él, tal vez fuese el hecho de ver con sus ojos cómo el pensamiento era encerrado de un modo literal, cómo personas que simplemente trataban de expresar su modo de ver el mundo eran encerradas por la posibilidad de que otros despertasen de esta soporífera vida.

— ESTÁN COMETIENDO UN ERROR, SON INOFENSIVOS. HE CONVIVIDO CON ELLOS Y LES DIGO QUE SON INOFENSIVOS.

— INOFENSIVOS, UNA MIERDA. OS VÁIS A ENTERAR, CER-
DOS. VAMOS -dijo Nietzsche, tratando de darle una patada
al científico joven que le retenía-. LA CRUELDAD QUE TEN-
GÁIS CONMIGO SOLO ME HACE MÁS FUERTE, GILIPOLLAS.

Platón estaba sorprendido por todo lo que estaba pasando, pero las leyes son las leyes... Estaba dispuesto a morir
como su maestro si era necesario:

— PODRÉIS CAPTURARME A MÍ, PERO JAMÁS A LA RAZÓN
DE LAS PERSONAS. ESO LES LIBERARÁ DE ÉSTA CAVERNA.

Los científicos pidieron refuerzos. Estos llegaron en menos de cinco minutos con un furgón para poder encerrar a
los insumisos detenidos. Es curioso qué poco tardan cuando oyen la palabra insumisos. Cuando el "orden público"
se ve alterado, deben salir corriendo, no vaya a ser que
la sociedad se desestabilice. Ahora bien, si se trata de un
delito que pone en riesgo sus vidas, protocolariamente es
necesario que esperen a que se calmen las aguas, aunque
para ello arriesguen las vidas de los implicados en el al-
tercado.

La procesión de gentío salió del bar como si de una quema de brujas se tratase, pero pronto paró cuando los dos
científicos metieron a Simone, Platón y Nietzsche en un
furgón para llevarlos al cuartel. La inconsciente masa de
gente aplaudió por la "eficacia" del poder: ya podían seguir con sus vidas de manso rebaño sin que nadie viniese a
trastocarles sus ideas.

18. PROHIBIDO PENSAR

Una vez llegaron al cuartel, unos guardias metieron a los dos filósofos a empujones en una zona aislada, donde había una celda reservada para ellos para evitar el contagio de sus ideas entre el resto de los presos. La celda era todavía más cochambrosa que aquel bar del que se quejaban tanto. Era una celda llena de polvo y moho, con un olor a podredumbre que se clavaba en la pituitaria y un baño a la vista de todos del que emanaba un olor, mezcla de heces y vómitos, que causaba una sensación de náusea constante.

— ¡Ale! Filosofen ahí todo lo que quieran -les gritó el viejo a Platón y Nietzsche desde fuera. Entonces se giró hacia su joven compañero y excusó su pronta salida del trabajo.

— Mira, yo ya soy mayor y estoy un poco cansado. Será mejor que me marche a descansar y te quedes tú vigilando a estos dos de aquí y acabes el trabajo -dijo señalando a los filósofos y guiñándole un ojo.

— Es la mejor manera de practicar para ti, eres joven y te falta experiencia todavía. Así que, ¿te quedas tú?- preguntó el viejo, mientras se dirigía hacia la salida sin dar opción alguna a una respuesta negativa-. Y encierra de una vez a esta insumisa, ya ha hecho todo lo que podía hacer por la patria -prosiguió señalando a Simone con cierta sonrisa despiadada-. Ya veremos qué haremos con ella y cuál será su sentencia.

— Ejem... Esto... Bueno, si no queda otra -respondió viendo marchar al viejo por la puerta alegremente mientras se escaqueaba de su oficio.

Entonces el joven salió del cuartucho donde se encontraban Platón y Nietzsche e invitó educadamente a Simone a salir hacia el pasillo donde se encontraba su celda, haciendo un gesto con los brazos:

— Después de ti.

Simone le apartó los brazos de un manotazo y pasó dirigiendo hacia él una mirada helada de rabia.

— Simone, yo... Esto no debía haber ocurrido, tú no deberías haber estado allí -le dijo mientras andaban hacia la celda de Simone, que se encontraba en un apartado destinado a varios insumisos.

— Quizás hoy no, ni tampoco mañana, pero cuando seáis conscientes de lo que estáis haciendo, del nihilismo de nuestra sociedad, de que somos como infantes indefensos y de que nuestros pensamientos son nuestras armas para defendernos de la crueldad del poder... Entenderás que todo esto es un error -sentenció Simone.

— Mira, si yo solo obedezco órdenes; pero es cierto, joder. La filosofía solo lleva al caos, viviríamos en la inestabilidad... No lo digo yo, lo dicen los doctores y los estudios que ha financiado el Estado. ¿Cómo van a equivocarse?

— Síndrome de la bata blanca... -dijo Simone con desprecio y repulsión-. Acatas todo lo que dicen los "expertos" sin preguntarte ni siquiera sus fuentes.

— Simplemente con que declarases que todo esto lo has hecho condicionada y obligada por ellos... -dijo señalando hacia donde se encontraba la celda de Platón y Nietzsche.

Ella no respondió.

— Me gustaría poder hacer algo por ti, pero debo cumplir mi deber. Escucha, declara enajenación, por favor - le pidió suplicante. Pero continuaron avanzando hasta encontrar la celda correspondiente. Al llegar, ambos se quedaron parados, como si de una despedida se tratase. Él la miró entristecido. Ella habló clara y decidida:

— Este es mi sitio, y esta mi arma -respondió señalando hacia su cabeza y entrando en la celda vacía que había a su lado y dándole la espalda.

El joven se marchó de nuevo hacia la celda de Platón y Nietzsche con pesadumbre y la conciencia azorada. Entró apenado en la habitación donde estaba la celda de Platón y Nietzsche como quien entra en un matadero, observando los ojos de los inocentes lechales, con la conciencia revuelta y la mirada perdida.

— Bueno... La orden es que ustedes han de ser... "borrados" de la historia -dijo con el semblante descolocado.

— No podéis matar una voluntad de poder fuerte. La vida se repite, siempre el eterno retorno, y yo me afirmo. Yo vivo, yo soy libre. Una y otra y otra vez... sea este el final que sea. Eterno retorno. Matad a vuestros ídolos, construid de nuevos como el poder, la moral... Y volved a destrozarlos... Pero si esos ídolos se convierten en dioses una y otra y otra vez, serán dioses vengativos que os esclavizarán, y así, repetidamente, porque no sabéis el secreto de todo: nada es universal ni estable, todo fluye. No tengo dios, ni moral, ni patria. No me arrepiento de mi vida porque la he afirmado -dijo Nietzsche serenamente. Parecía que la posibilidad de la muerte no le irritaba-. La muerte solo es posible si uno ha vivido la vida, y yo lo he hecho.

— Si así lo dicta la justicia, es lo que haré -dijo orgullosamente Platón.

— Tú es que eres idiota -le dijo Nietzsche, dándose un cabezazo contra la pared-. ¿Cómo se puede ser tan débil? No te has afirmado en tu puñetera vida ni lo harás, ni siquiera tienes el orgullo de haber vivido, porque te has pasado los años negando el mundo, momificando todo.

— Pero ¿no lo entienden?. Les digo que son sus últimas horas -dijo indignado y lloroso el joven.

— La justicia está corrupta y todo lo que estáis haciendo está mal; es un error matar a todo aquel que realmente comprende la idea de lo bueno, que os puede guiar hacia un orden beneficioso para todos. Cuando una sociedad mata a sus sabios, es porque realmente ya está muerta.

— Bien, mal... Eso son patrañas. No existe más que la vida, el bien es el invento del débil, porque al no poder defenderse del fuerte inventó la moral. Es mala la guerra, es malo el placer... Envidia pura por no poder defenderse, por no ser capaces de vivir los placeres... Tergiversación y malversación -le dijo Nietzsche a Platón, discutiendo de nuevo.

— JODER, SIEMPRE ESTÁN IGUAL. LES DIGO CLARAMENTE QUE LA PENA ES PENA DE MUERTE -gritó el joven.

— Dime una cosa. ¿Nos culpáis de que la gente se rebele? ¿Nos culpáis por darles la capacidad de pensar? ¿No habéis pensado que tal vez si se rebelan es porque algo está fallando en el poder que ejercéis? -le interrogó Platón.

— Sí, pero si no acabamos con ello... este mundo será el caos. Lo hacemos por el bien de la sociedad, les dejamos que vivan tranquilos, les damos todo al alcance de la mano a cambio de su silencio - dijo dubitativo el chico.

— Vamos, mucho hablar de "progreso" pero... ¿Qué es progreso? ¿Progreso es que les digáis qué pensar? -dijo Nietzsche-. Vaya mierda de progreso.

— Si solo tenéis prisioneros, ¿cómo demonios va a avanzar la humanidad? Las pocas posibilidades de que alguien venga a iluminar las sombras de este mundo se van a desvanecer. Esta sociedad no posibilita el avance de la humanidad. Si alguien cuestiona las ideas que al poder le parecen adecuadas, se le encarcela. Pero ¿y si realmente esas ideas están equivocadas? ¿Quién las corregirá si se silencia la opinión personal? -dijo Platón.

— Esta sociedad es pura mierda, mata la libertad, la capacidad creadora, porque la dictadura del débil, del que no tiene fuerza para afirmarse y niega el mundo... del que impone su visión negativa para evitar que la realidad le dé en las narices y destroce su fantasía de debilidad.

— Pero a mí no me lo cuenten, solo obedezco órdenes -dijo el joven, tratando de quitarse la responsabilidad que pesaba sobre él.

— ¿No tienes capacidad de afirmarte? ¿Qué eres, una marioneta? -le respondió Nietzsche.

— Oiga, un respeto. Pues claro que me afirmo -dijo rascándose la cabeza y con remordimientos el joven.

— Pues danos tu opinión. ¿Qué piensas de esta encerrona? -le dijo Platón.

— No lo sé... -En los ojos del joven se podía observar un abismo de dudas e incertidumbre.

— NO LO SÉ. ESE ES EL PROBLEMA, QUE NO PIENSAS. OBEDECES A TUS DIOSES: PODER, VERDAD Y MORAL -añadió Nietzsche, aproximándose a la zona de la celda más cercana al joven mientras daba puñetazos a la pared para enfatizar sus afirmaciones.

— Bueno, tranquilo. Se empieza por no saber. "Solo sé que no sé nada". A partir de ahí se construye... se razona... -comentó Platón en un tono tranquilizador.

— Me he leído sus libros, he redactado varios informes sobre ellos. Pero señores, ustedes alborotan las conciencias de la sociedad, crean el caos. No hacen ningún bien; por lo tanto, el mundo necesita ser reseteado.

— No sé qué significa reseteado. Pero, si realmente has leído nuestros libros, no creo que estés de acuerdo con las órdenes. Sé un filósofo, cuestiona tu alrededor. Busca el conocimiento por ti mismo. Con la razón -le dijo Platón en un tono paternal.

— No me mareen. Déjenme- dijo el joven alterado y con los ojos llorosos.

—No, querido. Tú nos has metido en esto, así que por lo menos merecemos una explicación -replicó Platón.

— No puedo dársela, porque no la tengo. Solo cumplo con las órdenes, ¿vale? -dijo el joven de nuevo—. Si quiero comer, si quiero poder sobrevivir en este mundo, tengo que hacer esto -añadió.

— Sé un superhombre, libérate de la sociedad, de las imposiciones y vive según tus impulsos -le dijo Nietzsche.

— Joven, tú no quieres hacer esto. Libéranos -trataba de convencerle Platón.

— No puedo -dijo el muchacho sollozando.

Tras un largo y penoso silencio, sacando un cigarro de su bolsillo, salió por la puerta sin decir nada.

Estaba el joven tomándose un respiro para reflexionar cuando de repente, sonó el teléfono móvil:

— ¿Sí?

— Soy yo, tu superior -dijo el científico viejo de cachondeo.

— ¿Dónde está? Esto es trabajo suyo -le reprochó el joven.

— Tú eres el aprendiz, así que apechuga. -De fondo se escuchaba música, parecía que su superior había aprovechado para ir a un pub a desfogarse tras su "duro" trabajo.

— Verá, como le dije, no sé, igual esto tiene consecuencias nefastas. Piense que si les aplicamos pena de muerte...

— No lo llames así, llámalo eutanasia judicial. No matamos gente, realmente lo que hacemos es ayudar a morir a aquellos que estorban a la sociedad. El poder no mata, ayuda al progreso. Recuerda: "todo por el pueblo".

— No sé, señor. Creo que deberíamos dejarles volver, sin más.

— ¿Estás de coña, no? Nos esforzamos tanto en eliminar la moral, la capacidad crítica y la reflexión propia para que el progreso pueda avanzar sin nadie que le ponga trabas, para que podamos competir con otras naciones sin el estorbo de tener que plantearnos si influirá o no en las vidas de las personas...

— Ya, pero es que... ¿eso realmente influye en sus vidas? ¿Usted sabe que cada vez menos personas pueden sobrevivir debido a que los últimos robots construidos están suplantando a los trabajadores? ¿Que tras legalizar la clonación, los clones con sentimientos y dignidad son asesinados brutalmente solo por caprichos estéticos como tener otro brazo más? Es que realmente no me parece que eso sea progreso, señor.

— Yo te diré qué es progreso. Progreso es que cada vez necesitamos menos esfuerzo humano para producir y podemos elevar las ventas para vivir mejor.

— Vivir mejor, ¿quién? -dijo el joven indignado.

— Mira, si la plebe no ha estudiado lo suficiente para crear máquinas y tener buenos sueldos, tendrá que conformarse con lo que hay. Pero no podemos frenar el progreso, ahora podemos producir más rápido, el mercado está creciendo...

— ¿A costa de qué, señor?

— Escúchame. Te dije que tanto leer te tornaría loco. Vas a tener que ir al psiquiátrico. Si no te hubieses leído sus obras, si no hubieses hablado con ellos, esto te resultaría más fácil.

— Señor, simplemente estoy siendo razonable.

— Mira, muchacho. Tú dales la cicuta a las 00:00 y todo habrá terminado. Cobraremos y podremos seguir en paz.

— Ya, pero...

— Dales la puta cicuta - dijo el viejo colgando el teléfono de sopetón.

19. ETERNO RETORNO

El joven entró de nuevo, esta vez con los vasos donde se encontraba la mezcla de cicuta.

— Bueno, es la hora, señores. Ha sido todo un honor poder conocerles antes de que desaparezcan, de verdad -dijo el joven entre sollozos, extendiéndoles la mano a través de los barrotes de la celda con el rostro pálido y sudoroso.

— Espera un momento. No puedes hacer desaparecer la filosofía así de golpe y porrazo -dijo Nietzsche golpeando la palma de su mano con el puño-. Si has leído mis obras, entenderás que, aunque nos borres del mapa, siempre habrá un Platón de turno, un Nietzsche de turno... Creación de verdades, destrucción de ídolos, nihilismo... Pero si queremos salir de esta situación de nihilismo, no podemos matar la capacidad creadora.

— Ya lo sé. Si no les digo que no tengan razón... -dijo el joven arrepentido—. ¿A qué se refiere con eso de nihilismo? -preguntó el joven

— A lo que está sucediéndole ahora a esta sociedad. La falta de valores, la muerte de todas las ideas en las que creer. Pero no te alarmes, puede ser positivo y dar lugar a que, una vez muertos los ídolos, creemos a partir de nuestros impulsos nuestro modo de vida. O negativo y sumirnos en la tristeza por no saber en qué creer, buscando una verdad universal que no existe... Depende de nuestra voluntad. Este mundo en el que vives ha de terminar de una puñetera vez. Tú tienes la posibilidad de tomar la vía del futuro, de las nuevas generaciones, de una sociedad de superhombres. O por lo contrario, la vía del eterno retorno, de una sociedad perdida, sin valores, que se dejará engañar por una panda de débiles carroñeros para evitar que se alcen los espíritus creadores y les den en las narices e irá enfermando a su población con mentiras, creando falsos dioses y falsas morales. Tú puedes ser el Jesucristo al que cuelguen y sacrifiquen en nombre del "progreso" y una vida "mejor", porque tu vida a partir de este momento será una vida de pena, remordimiento y enfermedad por tu incapacidad para afirmarte. O puedes ser el Zaratustra que les golpee en las narices, el que se alce frente a ellos y viva en nombre de una sociedad creadora, valiente, fuerte -dijo Nietzsche.

— Es tu decisión, pero sobre todo, ten en cuenta que vives en la oscuridad, donde todo es engaño, donde todo es sumisión ciega... ¡Tú mismo lo has vivido! ¿De verdad quieres sumir a esta sociedad a una vida de condena, atados a las cadenas de la ignorancia? -dijo Platón, reforzando así el discurso de Nietzsche de un modo sorprendente.

— MIERDA, TIENEN RAZÓN -gritó el joven.

«Y la pobre Simone está encerrada sin haber hecho nada, siendo inocente. Ella realmente es una creadora de superhombres», pensó a continuación.

— Es necesario liberarla, es necesario que les abramos los ojos a nuestra sociedad, que nos rebelemos contra las imposiciones que nos hacen vivir de un modo indigno para que una mayoría viva bien -se dijo a sí mismo el joven mientras avanzaba por el pasillo para liberar a Simone. Sin cruzar una palabra, el joven le abrió decididamente la puerta de la celda de Simone.

— Eres una persona importante para nuestra sociedad, necesitamos darles en la boca a estos cerdos. Estaba equivocado todo este tiempo. Hemos encerrado estudiantes, sabios y sabias, hemos vuelto a la época de la inquisición cuando se quemaba a todos aquellos que cuestionaban a Dios, solo que cambiamos Dios por verdad, ciencia, cristianismo... Esto ha de terminar de una vez. Si estás de acuerdo conmigo y si realmente crees en todo lo que promueves, me esperarás en la tienda donde nos encontramos por primera vez con todos los insurgentes que puedas.

Simone salió corriendo de allí a escondidas, utilizando sus habilidades para correr y camuflarse, entrenada por las manifestaciones pacíficas en las que le había tocado correr frente a la policía por expresar su opinión en público, y consiguió saltar la valla de seguridad sin que nadie la pudiese observar.

Una vez liberada Simone, al joven le quedaba la faena más dura: coger la máquina de crear agujeros de gusano para devolver a Platón y a Nietzsche a su época.

El joven científico, sudoroso y nervioso, salió discretamente hacia el laboratorio que se encontraba en el sótano. Tras un par de charlas absurdas con los celadores y un par de miradas discretas, acompañadas de susurrantes "buenas noches" cruzados con sus compañeros, llegó a la sala.

«Mierda. Hay que cambiar aquellos ajustes sobre dónde se abría el portal y cómo situarlo a nuestro gusto. No hay demasiado tiempo —pensó el joven—. En las prácticas, y durante el último curso, no hemos dado estas cosas. Joder, tanto estudiar pero a la hora de llevarlo a la práctica, apenas nos enseñan nada... Joder, joder>>, hablaba consigo mismo cabreado. Por suerte, su cerebro privilegiado empezó a trabajar duro y en veinte minutos lo tenía. Al final, resultó que era cuestión de detalles. Al hacerlo la última vez simplemente no habían puesto las coordenadas correctamente. Una vez descubierta la "mágica solución", cogió la máquina, que ocupaba bastante, y ridículamente la puso bajo su camiseta, marchando de nuevo hacia la celda de Platón y Nietzsche.

— Hombre, ¿qué llevas ahí? -le asaltó uno de sus compañeros.

— ¿Perdón? -preguntó nervioso y sudando.

— Sí, debajo de la camiseta. Robando material de oficina, ¿eh? -le dijo su compañero, dándole un codazo amistoso de cómplice.

— Ahh, esto -río nerviosamente el jovenzuelo, señalando su extraño bulto-. No, es un trabajo que he de llevarme a casa para terminarlo antes de que los jefes vean que no me ha dado tiempo y me echen la bronca.

— Que todos robamos alguna que otra cosilla. Los mandamases están forrados; porque nos permitamos algún que otro capricho, no lo notaran. Además, nos partimos la espalda por ellos, así que nos merecemos aunque sean las migajas.

— Ya... Bueno... Tengo prisa. Nos vemos mañana, ¿eh...?

Apenas se había dado la vuelta el joven científico cuando su "compañero" ya estaba llamando al viejo científico, supervisor y jefe de operaciones, con la esperanza de que le ascendiesen por "ayudar" a costa de las cabezas de los demás trabajadores.

— Buenas noches, señor -saludó, con un tono de respeto hacia sus superiores, el trabajador.

— Buenas noches. ¿Por qué me molestan a estas horas? Estaba leyendo unos informes -dijo el viejo mintiendo, pues se encontraba todavía bebiendo en el mismo pub.

— Verá, ¿ustedes han terminado ya la operación esa de acabar con la filosofía? -preguntó el trabajador para poder darle las explicaciones necesarias acerca de lo sucedido.

— Pues, si no hemos terminado, poco faltará. La cicuta les estará haciendo efecto ya - dijo el viejo, alzando su copa como si hiciese un brindis en honor a su trabajo.

— Pero... ¿no tenían que reparar la máquina? -preguntó maliciosamente el trabajador.

— ¿Cómo dice? La máquina está perfectamente. ¿Pone en duda nuestra capacidad como profesionales? - dijo alterado el viejo por el cuestionamiento de su capacidad.

— No. Simplemente, como he visto a su supervisado llevándose algo debajo de la camiseta... -acusó el trabajador sin apenas tener tiempo a terminar la frase.

El viejo escupió su trago de *bourbon* y colgó, marchándose del local sin pagar y andando a un ritmo de vértigo.

Apenas le había dado tiempo al joven a dejar la máquina preparada, cuando entró el viejo cagando hostias en la habitación donde se encontraba la celda de Platón y Nietzsche.

— ¿Qué cojones estás haciendo? -interrumpió el viejo.

— Lo que debería haber hecho desde un principio -dijo el joven mientras se le llenaba la cara de orgullo.

— ¿Cómo dices? -Y dándole un empujón, el viejo le preguntó en un tono amenazante-: ¿Te estás atreviendo a cuestionar las órdenes?

—Señor, no podemos matar a la filosofía. ¿No ha aprendido nada de estos dos? En este tiempo he abierto los ojos.

— Yo sí que te abriré los ojos. De una buena leche. Vas a ver todas las estrellas -dijo el viejo, acorralando en un rincón al joven.

Nietzsche y Platón miraban la escena, asombrados.

— Te apuesto mi reloj a que ganará el joven. Su voluntad de poder, su capacidad para afirmarse es grande -le dijo Nietzsche a Platón, extendiéndole la mano.

— ¿Cómo puedes disfrutar de esto? -preguntó Platón.

— Porque es la gran pelea, el león del nihilismo, que tras haber devorado todo y no tener nada que perder, se está atreviendo, como cualquier niño, a crear sus valores, a levantarse y afirmar sus impulsos de nuevo -respondió Nietzsche, disfrutando del momento-. ¡No paz, sino guerra, poder, crecer! -añadió entusiasmado.

— El reloj y tu chaqueta. En Grecia lucirá muy bien, seré el más original -dijo Platón cerrando la apuesta.

— Hecho. Si gana el viejo, me das tu túnica. -En realidad, a Nietzsche no le interesaba la túnica, solo el hecho de que Platón se pasease desnudo, mostrando su cuerpo y apelando a lo corporal en contra de aquello que dicta su doctrina-. En el fondo, debo decir que esta aventura ha sido divertida -dijo Nietzsche, abrazando a Platón en un arranque de amistad.

— Lo mismo digo -Platón le devolvió el abrazo.

El joven, que seguía peleando, había conseguido tumbar al viejo en el suelo. Esto despertó la furia del viejo, que le dio al botón de seguridad para llamar a los guardias y se abalanzó sobre el joven.

— Ya está bien, insumiso del carajo. Me estás hartando. Ahí fuera habrá miles como tú   -cogiendo las esposas se lanzó sobre el joven. Pero, en un último arrebato por apartarse del viejo, este apretó el botón que abría los portales espacio-temporales.

— CORRED –les gritó desesperado mientras seguía su propia batalla.

Platón y Nietzsche se pusieron en sus respectivos portales y, mirando orgullosos al joven peleando, se desvanecieron.

El joven consiguió tumbar al viejo en el suelo definitivamente. Le miró desafiante.

— Yo soy tu furia afirmándose, soy la vida afirmándose, el golpe de gancho no deseado que el Estado merece en este combate por la libertad.

Entonces, el joven se puso la bata blanca, salió de la sala y empezó a andar serenamente: «¿Cómo van a interrogar o acusar a alguien que lleva bata blanca y representa el conocimiento al servicio del interés del poder?», pensó. Pudo salir tranquilamente, por suerte no se cruzó con el compañero delator.

Al momento llegaron los guardias a la habitación.

— ¿Dónde estaban? -dijo el viejo indignado.

— Señor, por protocolo debemos esperar un tiempo antes de entrar en acción, para que la situación se tranquilice. Solo seguimos órdenes.

— Han dejado escapar a un insurgente, idiotas -dijo el viejo señalando la puerta.

20. PLATÓN, EL REGRESO

Platón regresó a la antigua Grecia por una grieta de uno de los pilares que sustentaban el pórtico de la plaza. Allí estaba Aristóteles, mirando la grieta del suelo por la que Platón había desaparecido, metiendo las piernas en ella con cierta inseguridad y gritando:

— Platón, ¿cómo lo has hecho? ¿Dónde estás?

Apenas habían pasado unos minutos en la antigua Grecia, pero para Platón habían pasado días.

Platón sorprendió a Aristóteles por detrás, dándole un pequeño toque que le sobresaltó de tal modo que cayó en la grieta completamente:

— ¡Aah! ¿Quieres matarme? ¿Dónde te habías metido? -la cara de Aristóteles era de incredulidad completa.

— Si te lo cuento, no lo creerás. Acabo de estar en 2040 y mi teoría había sido copiada por uno que se hacía llamar Señor y era predicada por todo el mundo.

— Ya... -Aristóteles no acababa de entender qué le había pasado a Platón-. ¿Señor, dices? ¿Señor qué?

— Señor, a secas. Es increíble. Así que a partir de ahora, quiero que inventemos una cosa para que nadie pueda copiar mis teorías... como una marca en los escritos... No sé, ya lo trabajaremos.

— ¿Cómo dices? -Aristóteles no acababa de creer lo que Platón le estaba diciendo, pensó que tal vez desvariaba.

— Sí, o no sé, algo inventaremos. Pero no vamos a dejar que ese tal Señor nos copie toda la teoría, se lleve el mérito y luego no sepan quién soy yo... ¿Sabes? En 2040 la filosofía ya no existe y todo el mundo obedece ciegamente lo que dicen los señores que manejan la economía. Sin más. Imagínate un mundo sin interrogantes, sin sabios, sin asombro...

— Va, déjalo ya, Platón. No sé qué me quieres venir a demostrar con este ejemplo tan raro, pero estás empezando a desvariar...

— Desvariar. Tú no lo has visto... Yo sí. Debemos empezar por las plazas, debemos empezar a hacer que todo el mundo piense por sí mismo, sacarles de esta caverna... O si no, todos los que tratamos de conseguir que el ser humano sea autosuficiente seremos borrados de la historia. Como Nietzsche, como tú... como yo.

Entonces Platón se decidió.

—Esta academia y los conocimientos acerca de lo verdadero deben ser llevados a la práctica de una vez por todas. Lo digo de verdad. Aristóteles, has de hacer llegar mis enseñanzas a las futuras generaciones. A mí me espera otra misión. Me voy a Siracusa.

— ¿A estas horas? ¿A qué? No entiendo nada, Platón

Aristóteles estaba totalmente desconcertado.

— Lo que aprendemos ha de ser compartido. Gracias a la filosofía, al amor a la sabiduría, el ser humano ha ido progresando. Solo por una persona que empezó a buscar a través de la razón las causas verdaderas acerca del cambio, del mejor modo de vida... hemos progresado uno tras otro... Pero si el saber se queda reducido, lo que hoy llamamos progreso, mañana será retroceso, creéme. La filosofía ha de llevarse a la práctica. Voy a dedicarme a la política para que lo bueno, el bien, la razón, puedan ser realizados. Voy a ser político. Adiós, Aristóteles. Cuídate mucho y transmite esa teoría que me contaste sobre las esencias, el conocimiento de lo que hace que las cosas sean lo que son... Le falta pulirse, pero vas por buen camino.

Tras este discurso, le dio un manuscrito y le pidió que se lo hiciese llegar al año 2040, a un lugar llamado El Recoveco. En ese manuscrito ponía lo siguiente: "Un hombre que no arriesga nada por sus ideas, o no valen nada sus ideas, o no vale nada el hombre. Es el momento de demostrar que eres un hombre".

— ¿Político? Espera, Platón -le gritó Aristóteles mientras lo veía desaparecer a lo lejos.

— A Siracusa... -decía Platón para sí mismo con el semblante orgulloso, la frente bien alta y los ojos bien abiertos.

Tal vez su proyecto político no triunfó como tal, pero su filosofía sería conocida mundialmente, su afán por llevar al ser humano hacia su "mayoría de edad", como diría Kant, de sacarlo de la caverna, nos ha hecho ser capaces de tener capacidad crítica, de no quedarnos solo con lo que nos dicen, de ir más allá de las apariencias, aunque duela, aunque sea más cómodo sentarse ante el televisor. A luchar por nuestras ideas firmemente, por más piedras que nos tiren los ignorantes. Todo eso y más nos enseñó este viejo barbudo.

21. NIETZSCHE, EL REGRESO

De repente, tal y como había salido de la humedad de su cuarto, apareció de nuevo Nietzsche a través de ella. Las enfermeras llevaban un rato buscándole por diferentes habitaciones.

— De nuevo aquí, Zaratustra; de nuevo aquí -dijo Nietzsche mirando la silla vacía que había a su derecha.

— ¡Está aquí! -gritó una de las enfermeras-. ¿Dónde se había metido? Llevamos un rato buscándole -dijo la enfermera sorprendida.

— He estado en 2040 a través de esta humedad, señorita -dijo Nietzsche con total normalidad.

— Ya, no me diga... -dijo ella con indiferencia.

— Escuche, no debería desacreditarme... ¿Sabe que el 2040 será una sociedad oscura?... La gente dejará de pensar, de cuestionar... Es la tiranía del débil, de la falta de valores propios, de la sumisión...

La enfermera se marchó, ignorando al filósofo, tras acomodarle en la cama.

— Eso, márchese, ignóreme. ¡Será usted cretina! -dijo Nietzsche enfurecido.

— ¿Cómo ha dicho? -dijo ella acercándose en un tono amenazante. Lo cierto es que apabullaba, era grande, fuerte y con cara de malas uvas—. Repítamelo si se atreve.

— ¿Que si me atrevo? Claro que sí. Está usted aquí para cuidarme, pero poco más y me borran del mapa -dijo Nietzsche alborotado, levantándose de la cama—. ¿Que si me atrevo? -repitió-. Por poco es usted la causante de todos los males de la sociedad. Por su culpa, poco más y no llegan a conocer mis grandes manuscritos. La humanidad hubiese perdido la posibilidad de superarse a sí misma.

— ¿Perdone? -dijo ella escandalizada-. Está bien, es la hora de su inyección de morfina. -Se acercó al carrito, cogió la jeringuilla y se la inyectó como si fuese una banderillera y él fuese su pobre víctima.

Nietzsche quedó en la cama bajo los efectos de la morfina, sudoroso, blanco, pero en un atisbo de iluminación, tras un buen rato gritando ser Zaratustra, se puso a escribir:

"Frente a la noticia de que el viejo Dios ha muerto, nos sentimos iluminados por una nueva aurora".

Entonces miró por la ventana con un aire profético, se levantó con su nota en la mano y saltó fieramente como un león hacia su presa. Era el momento de avanzar, de transmitir a nuevas generaciones la capacidad de dar el gran paso hacia un mundo libre, sin Dios, con la capacidad de crear a partir de sus impulsos, de su voluntad. Nietzsche mandó la nota a la única dirección que él conocía, la de El Recoveco, y se largó, con sus zapatillas y su bata ondeando al viento cual bandera que ondea en símbolo de paz, en dirección hacia el bosque para encontrar su soledad iluminadora, fortalecedora, que le ayudaría a encontrar sus propios valores y así poder llevárselos a la humanidad con el fin no de crear un dictado, sino de crear un caos de superhombres libres y fuertes.

22. EL NUEVO 2040

El joven científico consiguió escapar. Marchó en busca de Simone donde había quedado con ella, con pocas esperanzas. Pero para su sorpresa, allí estaba ella.

— Menos mal, pensaba que no te encontraría -dijo él ilusionado.

— ¿Cuál es tu plan, desertor? -le dijo Simone desafiante.

Pero entonces fueron interrumpidos por el camarero de El Recoveco:

— Miren, me he encontrado esto en el buzón del bar. No entiendo cómo... Pero creo que es para usted -dijo dándole unos papeles al joven, con una sonrisa de oreja a oreja-. Es muy extraño...

Simone y el joven científico leyeron las dos notas. Con cierta nostalgia recordaron a aquellos dos señores entrañables.

— Creo que es el momento de hacer algo frente a esta podredumbre de sociedad -dijo él   seriamente—. Nada nos queda ya que perder, todo nos lo han robado: valores, ideas, pensamiento, crítica... Pero en este vacío, en esta inmoral, interesada y aprovechada dictadura de la economía y el poder, tenemos la mejor arma: la capacidad de volver a crear ideales, ahora libres de toda manipulación.

Simone y él se adentraron en la ciudad, sin más armas que unos cuantos libros de filosofía, sus voces y su entusiasmo. Pero nada podría acallarles, habían sido conscientes de la muerte de todo aquello de lo que presumimos ser, de cómo el amor a la sabiduría se había sacrificado por el amor a la comodidad y habían comprendido que la mejor manera de combatir es resistir.

AGRADECIMIENTOS

A mis padres, por ser mi apoyo e inspiración en todo momento.

A mi pareja, por ser el motor que me impulsa hacia mis sueños.

A mi familia, por estar ahí siempre que se la necesita y por todo su cariño.

A mis profesores y profesoras, por educar mi mirada crítica y guiarme hacia la filosofía.

A mis amigos y amigas, por ser mis compañeros de risas y llantos en este viaje.

A Juan José, por toda su ayuda volcada en este proyecto

A ti, lector/a, por dedicarme tu tiempo y permitirme formar parte de él.

Me gustaría hacer una mención especial a aquellos que ya no están, pero que su huella en mí y la sabiduría que me transmitieron me ha inspirado a escribir: mis abuelos, mi abuela y mi profesor Eduard Sanz.